IMMEASURABLE
Reflections on the Soul of Ministry in the Age of Church, Inc.

This book was first published in the United States by Moody Publishers, 820 N. LaSalle Blvd., Chicago, IL 60610 with the title *Immeasurable*, copyright © 2017 by Skye Jethani. Translated by permission. All rights reserved.

Korean translation edition © 2017 by Duranno Ministry
38, 65-gil, Seobinggo-ro, Yongsan-gu, Seoul, Republic of Korea

This translation published by arrangement with Moody Publishers

본 저작물의 한국어판 저작권은 Moody Publishers와 독점 계약한 두란노서원에 있습니다.
신 저작권법에 의거하여 한국 내에서 보호를 받는 저작물이므로 무단 전재와 무단 복제를 금합니다.

부르심의 자리

지은이 | 스카이 제서니
옮긴이 | 정성묵
초판 발행 | 2017. 10. 23
2쇄 발행 | 2017. 11. 21
등록번호 | 제1988-000080호
등록된 곳 | 서울특별시 용산구 서빙고로65길 38
발행처 | 사단법인 두란노서원
영업부 | 2078-3333 FAX | 080-749-3705
출판부 | 2078-3332

책값은 뒤표지에 있습니다.
ISBN 978-89-531-2967-2 03230

독자의 의견을 기다립니다.
tpress@duranno.com www.duranno.com

두란노서원은 바울 사도가 3차 전도 여행 때 에베소에서 성령 받은 제자들을 따로 세워 하나님의 말씀으로 양육하던 장소입니다. 사도행전 19장 8-20절의 정신에 따라 첫째 목회자를 돕는 사역과 평신도를 훈련시키는 사역, 둘째 세계선교TM와 문서선교단행본·잡지 사역, 셋째 예수문화 및 경배와 찬양 사역, 그리고 가정·상담 사역 등을 감당하고 있습니다. 1980년 12월 22일에 창립된 두란노서원은 주님 오실 때까지 이 사역들을 계속할 것입니다.

부르심의 자리

스카이 제서니 지음 정성묵 옮김

두란노

부르심의 자리를 지키며
진정한 사역자로 거듭나길 원하여
고군분투하는 이 땅의
모든 이들에게
이 책을 바친다

추천의 글

《부르심의 자리》는 현재 사역의 방향과 패러다임을 재설정하는 반문화적 지혜로 가득하다. 저자 특유의 사역적이고도 도발적인 문체로 쓰인 이 책은 분명함과 확신, 연민으로 현재 기독교의 이슈들을 다룬다. 하나님 나라의 모든 리더에게 저자의 심오한 지혜와 통찰이 꼭 필요하다. 이 책은 선물이다. 더불어 그의 최고 역작이다.

_ J. R. 브리그스
카이로스 파트너십(Kairos Partnership) 창립자

스카이 제서니는 미국 복음주의 엔진 후드를 열어볼 독특한 위치에 있을 뿐 아니라 그 질병을 진단하고 강력한 성경적 처방을 줄 수는 날카롭고도 선지자적인 은사를 가졌다. 이 책은 병든 교회들과 리더들에게 꼭 필요한 강력한 약이다.

_ 마크 세이어즈(Mark Sayers)
호주 멜번 레드 교회(Red Church) 담임목사

나는 스카이 제서니가 쓴 책은 무조건 다 읽는다. 그가 교회 리더십에 관한 책을 구상 중이라는 소식을 듣고 즉시 쾌재를 불렀다. 이 책을 '반드시' 읽어야 한다.

_ 존 마크 코머(John Mark Comer)
브리지타운 교회(Bridgetown Church) 비전 사역자

현대 교회의 전형적인 시각을 뒤흔드는 그의 방식이 정말 마음에 든다. 그는 교회를 너무 사랑한 나머지 《부르심의 자리》에서 교회의 영혼을 깊고도 솔직하게 들여다보는 부담스러운 임무를 기꺼이 떠안았다. 언제나처럼 그는 우리가 그리스도의 아름다운 신부가 되도록 도전한다. 이 책을 꼭 구하라!

_ 데이브 기븐스(Dave Gibbons)
xealots.org와 newsong.net 창립자

contents

추천의 글 6
프롤로그 12

Part 1
성과주의에 매달리는 순간 사역의 기쁨은 사라진다

01 야망 18
열정으로 포장된 야망의 덫에서 벗어나라

02 성과 24
성공주의의 우상을 파괴하고
영광스러운 진리가 회복되게 하라

03 거룩한 낭비 34
효율성의 노예로 살지 말라

04 조직의 생명력 40
조직 중심에서 예수 중심으로 눈을 돌리라

05 리더의 역할 58
이미 양 떼의 주인은 정해져 있다

06 하나님의 임재 64
지금 하나님의 임재를 경험하고 있는가

07 안식 70
일을 멈추면 소명을 발견할 여유가 생긴다

08 관계 84
친밀함은 신뢰가 싹트고 자라는 기름진 토양이다

09 영혼의 양식 90
좋은 친구를 고르듯 신중하라

10 SNS 금식 96
육체의 욕심을 줄이면 하나님과 더 친밀해진다

11 영적 건강 102
두려움을 직시하고 치유의 고통을
감내할 때 진정한 공감이 형성된다

Part 2
영광스런 부르심을 회복하는 길

01 영적 전쟁 110
하나님의 전신갑주를 입으라

02 순전함 116
복음만으로 충분하다

03 사역의 복잡성 122
혼자서 모든 사역의 짐을 지지 말라

04 동역 142
교회의 번영은 리더십의 여분에 달려 있다

05 스피치의 간결함 150
15분이면 충분하다

06 스피치의 목적 156
예수님의 설교를 배우라

07 환경 172
고난의 겨울을 지나야 은혜의 봄이 찾아온다

08 리더의 유형 178
성경을 사역의 기준으로 삼으라

09 교회의 상품화 186
당신의 사역에 침투한 소비지상주의를 뽑아내라

10 첨단 기술 204
욕심을 비우고 아날로그적 성육신 사역에 집중하라

Part 3
하나님의 '일'이 아니라
하나님과 '함께' 하다

01 사회 참여 212
한 손에는 복음, 한 손에는
사회 정의를 들고 화해를 선포하라

02 선교지상주의 218
하나님과 함께하는 삶을 일차 소명으로 삼으라

03 소명의 재발견 232
부르신 자리에서 변화와 회복을 꿈꾸라

함께 나누고 행동하기 246
주 258

프롤로그

십여 년 전 참석했던 사역자들의 모임에서의 일이다. 그날 밤의 설교자는 청중을 단순히 몇 분이 아니라 몇 시간 동안 완전히 사로잡을 만큼 대단한 화술의 달인이었다. 무려 24개의 요지로 이루어진 설교였지만(과장이 아니다) 잠시도 딴 생각을 할 겨를이 없을 만큼 흥미진진한 설교였다. 전반부의 요지 중 하나는 성령의 예측 불가하고도 주권적인 특징이었다. 본문은 예수님이 니고데모에게 하신 말씀이었다. "바람이 임의로 불매 네가 그 소리는 들어도 어디서 와서 어디로 가는지 알지 못하나니 성령으로 난 사람도 다 그러하니라"(요 3:8).

그런데 열여섯 번째 요점과 스물두 번째 요점 사이 어디쯤에서 설교자는 전혀 다른 비유를 들었다. "복음 전파는 마치 전투기들이 밀집 대형을 이루어 비행하는 것과도 같습니다. 설교자는 선두에서 선체를 돌리고 곤두박질하고 상승하는 F-18 대장기입니다. 오른편에서 그 움직임 하나하나를 그대로 따라하는 전투기가 바로 성령입니다."

설교자는 손으로 전투기의 움직임을 시연하며 설명했다. 성령이 예측 불가한 회오리바람에서 몇 분 만에 뻔히 예측 가능한 설교자의 호위기로 강등되었다.

이 설교는 세월의 검증을 거친 3단 원칙을 고수해야 함을 보여 줄 뿐 아니라, 영적 세계를 멀리하고 통제에 끌리는 현대 설교자들의 성향을 여실히 보여 준다. 통계나 수치와 방법론을 이야기하는 이 계몽된 시대에 우리는 사역도 검증된 통제 시스템을 통해 이루어져야 한다고 믿는다.

나는 이런 영적이지 않고 기계적인 사역 방식의 교회를 '교회 주식회사'라고 부른다. 교회 주식회사는 영의 무게보다 기술이 사역 성공의 관건이라고 믿는 사역자들이 운영하는 교회를 의미한다. 이것은 기독교 사역의 초월적인 소명을 단순한 종교 단체와 서비스의 경영으로 변질시킨 것이다. 교회 주식회사는 통제할 수 없는 태양의 열과 빛 대신에 통제 가능한 열과 빛을 쬐는 태닝샵과 같다.

종교 소비자들이 교회 주식회사에 끌리는 것은 충분히 이해가 되지만, 사역자들의 이런 행동은 어떻게 설명해야 할까? 얼핏 보면 사역자들이 기업 경영 원칙들에 물든 것이 원인처럼 보인다. 하지만 그것은 근본 원인이 아니다. 사실, 교회는 언제나 주변 문화의 주된 형태와 구조를 차용했다. 미국 상원의 원목을 지낸 리처드 핼버슨(Richard Halverson)은 다음과 같이 말했다. "처음 교회는 살아 계신 그리스도를 중심으로 한 사람들의 교제로 이루어졌다. 그리스로 넘어가면서 철학이 되었고, 로마로 건너가 조직이 되었다. 그 다음에는 유럽으로 옮겨가 문화가 되었다. 마지막으로, 미국으로 넘어와 기업이 되었다."

많은 사역자들이 기업 경영자들의 전략에 끌린다. 오늘날 기업가들이 큰 성공을 거두고 존경을 받기 때문이다. 그리스인들이 철학자를 존경하고 로마인들이 군인을 최고로 여겼던 것처럼 우리는 기업 총수들을 우러러본다. 너도 나도 기업가들의 성과를 찬양하고 그들의 전략을 모방한다. 하지만 우리가 교회 주식회사에 끌리는 이유가 그것뿐일까?

아담과 하와가 유혹에 빠진 것은 단순히 그 열매가 '눈에 즐거웠기' 때문이 아니라 그것이 그들을 '하나님처럼' 만들어 줄 것이라는 뱀의 약속 때문이었다. 마찬가지로, 교회 주식회사의 매력은 단순히 더 좋고 효과적인 사역 방식처럼 보인다는 데만 있지 않다. 무엇보다도 우리를 하나님처럼 만들어 준다는 치명적인 약속을 기반으로 한다. 요컨대, 교회 주식회사는 통제의 환상으로 우리를 유혹한다. 교회 주식회사 안에서는 우리가 대장기가 되고 성령은 우리의 호위기가 될 뿐이다. 결론 혹은 결과를 우리가 안전하게 통제할 수 있다.

측정 가능하고 통제 가능한 결과를 바라는 이런 욕구는 그것이 세상의 가치에서 온 것이든 영적 영역에서 비롯한 것이든 신앙의 본질을 그대로 보여 준다. 기독교의 모든 교리는 측정 불가능하고 때로는 역설적이기까지 한 신비다. 삼위의 영원한 연합을 완벽히 이해한 사람이 세상에 있을까? 2천 년이 지난 지금도 인간의 의지와 하나님의 주권 사이의 상호작용을 놓고 여전히 입씨름을 한다. 그 험한 십자가 위에서 정확히 어떤 일이 벌어졌는지를 설명하기 위한 부질없는 노력 속에서 관계들이 맺어졌다가 깨어지기를 반복한다.

구원, 인간, 하나님은 불가해한 신비에 쌓여 있다. 그런데도 왜 이 셋의 교차로 위에 서 있는 우리의 사역은 계산 가능한 과학이 되어야 한다고 여기는가? 왜 우리는 소명의 측정 불가함을 있는 그대로 받아들이지 못하는가? 왜 교회 주식회사의 공허한 약속 너머에 있는 아름다움과 가치를 발견하지 못하는가?

이것이 이 책의 모든 장을 하나로 묶는 중심 질문이다. 이 책은 이 제자 양성의 산업화 시대에 사역자들이 처한 문제가 무엇인지 알려 준다. 이 모든 글의 목적은 사역자들로 하여금 자신의 소명과 영혼의 상태, 일의 의미를 더 깊이 되돌아보게 만드는 것이다.

이 책에서 실용적인 방법들을 얻는 것도 좋겠지만 오늘날의 기계적인 사역 문화 속에서는 한 걸음 뒤로 물러나 사역이 무엇이고 사역의 소명이 세상적인 소명과 무엇이 다르며 왜 리더십 원칙과 방법론만으로는 그 소명을 이룰 수 없는지를 진지하게 돌아보는 것이 훨씬 더 시급하다고 생각한다.

그러기 위해서는 사역의 비전과 사역자로서의 정체성을 갖고도 비판 없이 수용했던 잘못된 방식과 가치를 해체하는 작업이 필요하다. 물론 해체 작업은 언제나 고통스럽다. 하지만 거짓을 도려내면 그 자리에 생명을 주는 새로운 소명의 비전이 싹틀 수 있다. 아무쪼록 이 책이 사역의 측정 불가능한 특성을 새롭게 발견하는 계기가 되기를 바란다. 당신이 얼마나 신비한 일, 그리고 얼마나 신비한 분으로부터 부름을 받았는지를 새롭게 깨닫고 다시금 놀라워할 수 있게 되기를 간절히 소망한다.

Part 1

성과주의에
매달리는 순간
사역의 기쁨은 사라진다

01

야망

열정으로 포장된
야망의 덫에서 벗어나라

신학교에 입학했을 때 혀를 내두르게 만드는 학우들을 많이 만났다. 모두가 "자살 유발 헬라어 수업"(오직 자학을 즐기는 타고난 언어학자만이 좋아할 만한 2주간의 살인적인 여름 강좌)을 참아 내느라 비지땀을 흘리던 여름, 사역의 소명을 좇기 위해 남들보다 훨씬 큰 것을 희생한 학생들이었다.

스콧은 안정적인 봉급과 두둑한 보너스를 자랑하는 해군 전투기 조종사의 자리를 포기했다. 다비드는 자동차 제조업체의 경영자 자리를 포기하고 이사까지 감행했다. 낮에는 수업을 듣고 밤에는 야간 경비원으로 일했는데 도대체 잠은 언제 자는지 알 수가 없었다.

중국인 엔지니어 그레고리는 사역을 하겠다고 아내와 어린 두 딸을 데리고 홍콩에서 시카고로 왔다. 평생 눈을 본 적이 없는 사람이 자동차를 완전히 파묻는 폭설의 도시에 온 것이다. 6개월 만에 그는 영어를 제법 배워 헬라어 신약을 영어로 번역하고 시카고 차이나타운에 사는 교인들을 위해 다시 광둥어로 번역했다. 그야말로 인간 승리다.

이런 사역자들은 경건한 야망의 힘을 그대로 보여 준다. 하나님과 사람들을 섬기겠다는 그들의 거룩한 열정은 그 어떤 희생도 감내하게 만드는 원동력이다.

하지만 신학교에서 나는 야망의 어두운 면도 똑똑히 보았다. 학기 첫날 서로를 소개하고 신학교에 오게 된 이유를 밝히는 자리에서 첫 번째 학생이 당당한 어조로 말했다. "저는 제2의 빌 하이벨스가 되기 위해 이곳에 왔습니다." 순간, 생각했다. 정말? 빌 하이벨스가 아직 죽지 않았다는 것을 모르는가? 게다가 과연 빌 하이벨스 같은 사역자가 또 필요할까?

또 다른 학생은 3년 안에 대형 교회의 담임목사가 되겠다는 포부를 밝혔다. "저희 교단에서 사역을 하려면 목회학석사 과정을 밟아야 합니다. 하지만 제가 어떤 교회도 대형 교회로 키울 능력이 있다는 사실을 알면 학위를 다 마치기도 전에 여기저기서 모셔가려고 난리가 날 겁니다." 도널드 트럼프도 울고 갈 자만심이 아닌가!

사역자의 야망

소개가 계속되던 중 소름이 끼치면서 정신이 번쩍 들었다. 혹시 내가 여기에 온 동기도 저들만큼 불순하지는 않을까? 신학교에서 나는 거룩한 열정을 품은 멋진 사람들을 만났을 뿐 아니라 장래의 사역자들에게 드리운 어두운 야망의 그림자도 보았다. 사역자의 야망은 하나님과 남들을 섬기기 위한 큰 희생을 낳을 수도 있고, 그리 고상하지 못한 동기를 숨기는 가리개가 될 수도 있다. 겉으로는 사랑이나 헌신처럼 보이는 것이 사실상 심한 열등감을 떨쳐내려는 발버둥일 수도 있다.

심지어 건강한 동기를 가진 사역자들도 가끔씩 야망 엔진의 점검을 필요로 한다. 자기중심적인 열정에서 그리스도께로 방향을 트는 조정이 필요한 것이다. 물론 언제 점검이 필요한지를 정확히 알기란 쉽지 않다. 영혼의 계기판에는 '엔진 점검등'이 없으니 말이다. 하지만 다행히 성경 속에서 야망이 잘못된 방향을 향할 때를 분별하기 위한 지혜를 발견할 수 있다.

모세나 예레미야 같은 구약의 인물들은 마지못해 리더로 나선 사람들이다. 그들은 권력이나 영향력을 원치 않았기에 하나님의 부르심을 완강하게 부인했다. 사실, 이런 겸손은 아름다운 미덕 가운데 하나다. 힘을 원하지 않는 사람에게는 믿고 힘을 맡길 수 있다. 이것이 이런 품성을 지닌 허구 속의 영웅들이 그토록 많은 이유가 아닐까 싶다.

배트맨에서부터 해리 포터와 캣니스 에버딘까지 많은 영웅이 찬사와 존경을 원해서가 아니라 상황과 필요에 떠밀려서 리더가 된다. 주변에서 흔히 볼 수 있는 모습, 나아가 우리 자신의 모습과 정반대인 그들에게 사람들은 열광할 수밖에 없다.

모세와 예레미야도 그런 인물이었다. 하나님은 그들이 꺼뜨릴 수 없도록 '그들의 뼛속에 불을' 집어넣으셨다. 그들은 원치 않게 앞에 자신의 목소리를 내야만 했다. 그들을 보면 리더로의 부름이 찬사를 받으려는 욕심에서 오는 것이 아니라 절대적인 하나님 은혜의 결과임을 알 수 있다. 하지만 그렇다고 모든 리더에게서 그들과 같은 겸손을 기대해야 할까?

신약을 보면 반드시 그렇지만도 않다. 베드로는 장로들에게 억지로가 아니라 기꺼이 리더로 나서야 한다고 말했다(벧전 5:2). 그런가 하면 바울은 리더가 되려는 포부를 칭찬했다(딤전 3:1). 하지만 베드로와 바울이 그렇게 말한 데는 1세기의 특수한 상황도 한 몫을 했다는 점을 이해해야 한다. 당시의 교회 리더들은 교회 안에서는 존경받는 사람들이었지만 교회 밖에서는 핍박을 받기 쉬운 위치였다. 다시 말해, 당시의 리더는 그에 따른 큰 대가가 따랐다.

그렇다 해도 하나님의 백성을 가르치고 인도하려는 거룩한 야망으로 기꺼이 리더로 나선 사람들이 칭찬을 받았다는 것은 야망 자체가 나쁜 것이 아님을 말해 준다. 그리스도와의 교제에서 싹튼 야망은 우리를 하나님의 일로 이끄는 의로운 에너지가 될 수 있다. 그런 야망은 모험을 하고 새로운 접근법을 시도하고 새로운 땅으로 과감히 들어가게 만든다. 따라서 야망의 폭발적인 힘만큼은 인정해 주어야 한다. 경건과 겸손을 겸비하고 남들을 향한 사랑이 밑바탕을 이룬 야망은 세상 속에서 긍정적인 변화를 일으키는 대폭발을 일으킬 수 있다.

하지만 좋은 폭발력을 일으킬 수 있는 연료에는 언제나 위험도 내재해 있는 법이다. 야망이 자만이나 열등감의 촉매제와 만나면 거대한 파괴의 근원이 될 수 있다. 성취욕이 리더 자신은 물론이고 그 가족과 교회 전체를 망치고 나아가 하나님 나라의 일을 방해하는 독이 될 수도 있다.

패턴은 간단하다. 뛰어난 커뮤니케이션 기술을 지닌 젊은 크리스천은 사람들이 자신에게 열광한다는 사실을 알고 있다. 청중의 찬사를 하나님의 부르심으로 해석한 젊은이는 교회를 개척하기로 결심한다. 물론 사람들을 하나님께로 인도하고 싶은 열정은 진심이다.

> **IMMEASURABLE**
> 건강한 동기를 가진 사역자들도 가끔씩 야망 엔진의 점검을 필요로 한다. 자기중심적인 열정에서 그리스도께로 방향을 트는 조정이 필요하다.

하지만 표면 아래에 또 다른 동기가 숨어 있다. 교회는 하루가 다르게 성장한다. 그럴수록 점점 더 크고 유명한 교회의 사역자들과 어울리게 된다. 그들과의 비교의식은 그의 야망을 점점 더 활활 타오르게 만든다. 끊임없이 책을 내고 세미나를 열고 방송에 출연한다. 부지불식간에 교회의 초점이 제자를 키우는 것에서 사역자의 영향력을 키우는 것으로 이동한다. 그리고 그가 영향력의 정점에 이르면, 모든 것이 폭발한다.

안타깝게도 이런 이야기는 너무나도 흔하다. 문제는 그 교회 구조의 하자가 아니다(모든 교회 구조에 하자가 있다). 심지어 그 사역자의 야망도 문제가 아니다(야망 없는 사역자가 어디 있는가). 문제는 그 야망을 움직이는 연료다. 그는 그리스도와의 교제라는 생명을 주는 연료 대신 불안한 자아의 폭발적인 힘을 선택했다.

우리 모두는 거룩한 야망과 불경한 야망이 뒤섞인 존재다. 물론 주님의 놀라운 능력과 지혜는 이기적인 동기로 움직이는 사람들까지도 얼마든지 선하게 사용하실 수 있다(빌 1:15-18). 하지만 그런 식으로 쓰임을 받고 싶은 사람은 어디에도 없을 것이다.

02

성과

성공주의의 우상을 파괴하고
영광스러운 진리가 회복되게 하라

다음 두 리더를 비교해 보자. 리더 A는 절망의 시기에 국가 전체의 사기를 끌어올렸다. 그는 분명한 비전과 불같은 열정으로 온 국민이 불가능한 일에 도전하게 만들었다. 말 그대로 세상 모든 사람에게 영향을 미친 운동을 일으켰다. 최초의 컴퓨터와 제트기를 탄생시킨 산업 및 과학 혁명을 일으켰고 인류의 우주 탐사를 개척했으며 핵에너지의 신비를 풀었다. 근대 세상의 거의 모든 측면이 어떤 식으로든 이 사람의 영향을 받았다. 그가 겨우 56세에 세상을 떠났을 때 온 세상에 그의 이름을 모르는 사람이 없었다. 어느 모로 봐도 리더 A는 세상을 변화시켰다.

리더 B는 A와 동시대를 살았다. 사실, 그는 리더 A보다 불과 21일 먼저 세상을 떠났다. 하지만 그의 삶은 전혀 딴판이었다. 그가 일생에서 가장 큰 영향력을 발휘한 시기는 기껏해야 백 명 남짓이 다니는 학교를 운영한 시기였다. 책을 몇 권 쓰기는 했지만 별로 인기가 없었다. 친구와 가족들의 사랑을 받고 지적인 동시에 충성스러운 사람이란 평판을 얻기는 했지만 그가 세상을 떠날 당시에 그의 이름을 아는 사람은 거의 없었고, 그를 아는 사람들조차 대부분 그의 인생을 실패로 여겼다. 사실, 그 자신도 평생의 숙원을 이루지 못한 것을 안타까워하며 눈을 감았다.

자, 이제 선택해 보라. 둘 중 어떤 리더의 전략을 연구하고 싶은가? 둘 중 누구의 삶을 닮고 싶은가? 어떤 리더의 세미나에 참석할 용의가 있는가? 리더 A를 기조연설자로 세운 대형 집회? 리더 B가 허름한 창고에서 진행하는 소규모 워크숍? 세상의 변화라는 리더 A의 엄청난 성과가 마음에 들었다면, 축하한다! 당신은 바로 아돌프 히틀러(Adolf Hitler)를 골랐다. 리더 B는 바로 히틀러에게 용감히 저항한 죄로 나치에 처형을 당한 독일 사역자 디트리히 본회퍼(Dietrich Bonhoeffer)다.

내가 하고 싶은 말은 간단하다. 성과가 전부가 아니다. 하지만 우리는 아이러니하게도 성과라면 사족을 못 쓴다. 몇 년 전 한 유명한 교회 리더가 6만 명의 젊은이 앞에서 이런 말을 했다. "내가 유일하게 두려워하는 것은 하찮은 삶을 사는 것입니다."

성과의 우상을 섬기는 사람들

물론, 하찮은 삶을 살고 싶은 사람은 세상 어디에도 없다. 문제는 교회 안이나 밖이나 세상적인 기준으로 하찮은 삶과 대단한 삶을 나눈다는 것이다. 어디를 가나 세상을 얼마나 바꾸었느냐에 따라 삶의 가치가 달라진다는 메시지가 사방에서 우리에게 날아온다. 실제로 세상을 바꾼 소수는 명성이라는 '영생'을 상으로 받지만 나머지는 무명이라는 '영원한 죽음'을 맞는다고 한다.

우리가 세상을 바꿔야 한다는 이런 관념은 도대체 어디에서 온 것인가? 하버드대학 도서관 데이터베이스에서 책 제목을 검색하면 놀라운 사실이 드러난다. 지난 15년 사이에 "세상을 바꾸라"는 식의 제목의 책이 20세기 전체보다 다섯 배나 많이 출간되었다. 밀레니엄세대는 그 이전의 어느 세대보다도 성과가 곧 삶의 가치라는 문화의 메시지를 받아들이며 자란 것이다.

이런 가치가 신앙생활로 옮겨가면 하나님 앞에서 우리의 가치가 그리스도와 그분의 나라를 위해 얼마나 많이 이루느냐에 따라 결정된다는 잘못된 믿음에 빠지게 된다. 그렇게 되면 하나님의 영광과 복음 전파를 위해서 일한다고 말하지만 내면 깊은 곳에서는 성과를 통해 자신의 가치를 증명해 보이겠다는 어두운 동기로 움직이게 된다. 나는 이것을 '성과의 우상'이라고 부른다. 오래 전 앞서 언급했던 대학생들에게서 이 우상을 똑똑히 보았다.

어느 날 밤, 나를 비롯한 열댓 명의 학생들이 모여 악한 습관을 끊지 못해 괴롭다는 이야기를 하고 있었다. 그때 나는 각 학생에게 이런 질문을 던졌다. "우리가 죄를 짓는 순간에 하나님은 우리를 어떻게 보실까?"

첫 번째 학생은 부모가 선교사였다. 수십 년 전 한창 기독교의 부흥이 일어날 때 그녀의 부모는 신학생이었다. 거기서 두 사람은 해외 선교사가 되기로 서원했다. 그 학생은 믿음의 부모와 신실한 신앙인들 사이에서 자란 것을 회상하며 흐뭇한 미소를 짓다가 갑자기 입술을 지그시 깨물었다. "이제는 내가 두 분처럼 신학교에 왔어. 그런데 내가 계속해서 죄를 지으면 하나님이 어떻게 나를 부모님처럼 크게 사용하실 수 있을까?"

다음 학생은 성경을 인용했다. "하나님은 많이 받은 자에게 많은 것을 기대하신다고 했어. 하나님은 내게 너무도 많은 것을 주셨지. 그런 내가 죄를 지었으니 하나님이 크게 실망하실 거야."

학생들은 차례로 비슷한 자책감을 표현하면서 눈물을 훔쳤다. 다들 자신을 향한 하나님의 실망에 대하여 이야기하면서 그로 인해 그분을 위해 큰 성과를 거두지 못할까 두렵다고 말했다. 마침내 한 바퀴를 돌아 다시 내 차례가 되었을 때 나는 몇 가지 질문을 던졌다. "믿는 가정에서 자란 사람은 손을 들어 보세요." 그러자 모두가 손을 들었다. "어릴 적부터 교회에 다닌 사람은?" 이번에도 모든 손이 올라갔다.

순간, 나도 모르게 괴로운 한숨이 터져 나왔다. "정말 안타깝군. 교회를 이십 년이나 다니고 기독교 대학에까지 온 너희 중에 단 한 명도 정답을 말하지 못하다니. 너희가 죄를 짓는 순간에도 하나님이 너희를 사랑하신다는 생각을 해 본 적은 없니?"

이 젊은이들은 복음주의 운동의 우상숭배에 깊이 빠져들어 있었다. 성과주의. 이것이 우리가 들이마시는 공기이며 우리가 헤엄치는 바다다. 우리는 살아 계신 하나님의 사랑을 버리고 성과주의 우상을 향해 달리고 있다. 이 우상 앞에 머리를 조아리는 순간, 기쁨은 사라지고 견딜 수 없는 짐이 우리의 어깨 위에 떨어진다. 우리의 가치부터 정체성, 삶 속의 죄까지 모든 것을 성과의 관점에서 보기 시작한다. 하지만 성과주의 우상의 가장 치명적인 거짓말은 하나님을 섬기는 삶이 곧 하나님과 함께하는 삶이라는 것이다.

내가 볼 때 성경에서 가장 무서운 구절은 마태복음 7장에 있다. 거기서 예수님은 심판의 날 많은 사람이 그분을 찾아와 억울함을 토로할 것이라고 말씀하셨다. "주여, 주여. 우리가 주의 이름으로 선지자 노릇하며 주의 이름으로 귀신을 쫓아내며 주의 이름으로 많은 권능을 행하지 아니하였나이까?" 그때 예수님은 냉정하게 고개를 내저으실 것이다. "내가 너희를 도무지 알지 못하니 내게서 떠나가라."

그들은 평생 주님을 위해 발에 불이 나도록 뛰어다니며 많은 성과를 거두었기 때문에 구원은 당연한 일이라고 절대적으로 확신했다. 그들은 주님의 이름으로 설교를 하고 귀신을 쫓고 악에 맞서 싸우고 기적을 행했다. 그런데 그들은 정작 주님을 제대로 알지 못했다. 이것이 하나님을 위한 성과를 그분과의 친밀함으로 오해했을 때 발생하는 위험천만한 결과다.

이 무서운 구절에서 가장 무시무시한 단어는 바로 '많은'이 아닐까 싶다. 예수님은 그날 '많은' 사람이 단순히 큰 성과를 거두었다는 이유만으

IMMEASURABLE

하나님 앞에서 우리의 가치는 얼마나 많은 성과를 거두느냐가 아니라 그분의 곁으로 얼마나 더 가까이 다가가느냐에 달려 있다.

로 자신이 구원을 받았다고 절대적으로 확신하며 그분을 찾아올 것이라고 말씀하셨다.

고개를 갸웃거리는 당신의 모습이 눈에 선하다. '그럴 수는 없다. 어떻게 그리스도를 위해 그토록 놀라운 일을 하고도 그분을 모를 수 있단 말인가. 어떻게 사역을 그렇게 잘하고도 심판의 자리에서 거부를 당할 수 있는가?'

성과주의의 우상이 강력한 것은 우리의 시선을 잘못된 열매로 돌리기 때문이다. 다시 말해, 이 우상에 빠지면 적절성, 힘, 영향력, 세상을 변화시키는 일에 눈이 멀게 된다. 이 모든 것이 성과의 척도일 뿐이다. 결코 그리스도에 대한 사랑과 충성의 척도가 아니다.

민수기 20장에서 모세는 하나님의 백성을 애굽에서 막 이끌고 나와 광야에 도착했다. 그때 백성들은 마실 물이 없다고 불평하기 시작했다. 아니, 단순한 불평 정도가 아니라 폭동이라도 일으킬 기세였다. 다급해진 모세는 장막 안에서 하나님께 엎드려 해법을 가르쳐 달라고 간청했다. 그때 하나님은 이렇게 말씀하셨다. "바위를 향해 말하면 거기서 사람들과 가축들이 마실 물이 나올 것이다"(민 20:8 참조).

그런데 모세는 하나님의 명령대로 바위를 향해 말하지 않았다. 대신 지팡이로 두 번 내리쳤다. 하지만 뜻밖에도, 기적이 일어났다. 물이 콸콸 쏟아져 나오고, 온 백성과 가축이 실컷 목을 축이고, 모세는 다시 영웅이 되었다.

이 장면을 인간의 관점 혹은 성과주의 우상의 관점에서 보자. 모세의 사역이 성공적이었는가? 말하나 마나다! 인간의 기준에서 보면 모세는 더없이 뛰어난 리더였다. 그의 사역이 강력했는가? 물론이다. 기적이 일어났지 않은가! 그의 사역이 적절했는가? 물론이다. 사막에서 목이 바짝 마른 사람들에게 물을 주는 것보다 더 적절한 일은 없다. 그의 사역이 전략적이었는가? 두말할 필요가 없다. 그는 사람들이 약속의 땅이라는 목표를 이룰 수 있도록 도왔다. 요즘 같으면 모세는 바위에서 물을 뽑아내기 위한 3단계 비법에 관한 책을 써서 베스트셀러 작가로 등극할 것이다. 여기저기서 그를 강사로 모셔가려고 난리가 날 것이다. 인간적인 관점에서 모세는 엄청난 성과를 거두었다.

하지만 하나님의 관점에서는 어떠했을까? 그리 성공적이지 않았다. 하나님은 전혀 기뻐하시지 않았다. 오히려 모세는 불순종으로 인해 큰 벌을 받았다. 꿈에 그리던 약속의 땅에 결국 들어가지 못하게 되었으니까 말이다. 하나님은 그가 그 땅을 눈앞에 두고서 눈을 감게 만드셨다. 왜일까?

하나님은 우리의 성과가 아닌 우리의 충성을 보시기 때문이다. 민수기 20장을 보면 하나님이 모세로 인해서가 아니라 모세에도 '불구하고' 기적을 행하기로 결정하셨다는 사실을 분명히 확인할 수 있다.

따라서 성과에 초점을 맞춘 것은 곧 잘못된 열매를 바라보는 것이다. 우리는 점점 더 많은 사람들이 교회에 나오고 그들을 통해 세상이 변화된다면 우리가 하나님 앞에서 잘하고 있다고 생각한다. 하지만 어쩌면 하나님은 우리로 인해서가 아니라 우리임에도 '불구하고' 역사하고 계신 건지도 모른다.

자, 이제 모두가 인정하기 싫어하는 불편한 신리 하나를 선포한다. 하나님의 모든 역사는 우리에도 '불구하고' 이루어지는 것이다. 하나님은 그분의 역사를 이루기 위해 우리를 필요로 하시지 않는다. 누구의 도움이 필요한 분이라면 그런 하나님은 우리의 예배를 받으실 만한 분이 아니다. 이것은 일반 성도보다 더는 아니더라도 일반 성도만큼 사역자들도 꼭 들어야만 하는 진리다.

하나님은 우리를 필요로 하시지 않는다. 단지 우리를 원하실 뿐이다. 하나님은 세상을 변화시킬 일꾼이 절실히 필요해서 우리를 영입하기 위해 아들을 보내신 것이 아니다. 하나님은 우리와의 화해를 이루기 위해 아들을 보내신 것이다. 하나님 앞에서 우리의 가치는 얼마나 많은 성과를 거두느냐가 아니라 그분의 곁으로 얼마나 더 가까이 다가가느냐에 달려 있다.

하나님의 일이 중요하지 않다는 뜻이 아니다. 단지 그것이 가장 중요한 것이 아니라는 말이다. 팀 켈러는 본래 좋은 것을 궁극적인 것으로 삼으면 그것이 우상이 된다고 말했다. 성과는 좋은 것이지만 궁극적인 것이 아니다. 하나님의 일을 하나님보다 더 중요하게 여겨서는 곤란하다.

성과주의의 우상을 파괴하려면 우리는 물론이고 우리가 선택할 리더들에게서 옳은 열매를 찾아야 한다. 옳은 열매는 적절성이나 힘, 혹은 전 세계적 영향력이 아니다. 그리스도와 연합한 삶의 열매는 바로 사랑과 희락, 화평, 오래 참음, 자비, 양선, 충성, 온유, 절제다.

성과주의의 우상을 파괴하려면 우리가 뭔가 혹은 어딘가로 부름을 받기 전에 먼저 어떤 분에게로 부름을 받았다는 영광스러운 진리가 우리 안에서 다시금 회복되어야 한다.

03

거룩한 낭비

효율성의 노예로
살지 말라

'효과적, 효율적, 실용적.' 교회 주식회사의 세계에서 이런 말이 얼마나 자주 사용되는지 모른다. 그것이 순전히 하나님이 맡기신 자원의 지혜로운 청지기가 되려는 욕심에서 비롯했다면 좋겠지만, 통제를 추구하고 매번 투자 수익률을 따지는 세상의 가치에 물든 탓도 적지 않다. 아마도 두 가지 동기가 모두 작용하고 있는 듯하다.

성경은 돈을 조심하라고 경고한다. 돈은 우리의 삶과 주변 환경을 완벽히 통제할 수 있는 능력을 약속하는 기만술의 대가다. 돈의 유혹에 빠진 사역자들의 이야기를 다들 한 번쯤은 들어보았을 것이다. 재정을 잘못 관리해서 빚의 굴레에 빠져든 사역자들에 대한 이야기도 심심치 않게 들린다. 이런 이야기를 들을 때마다 정신이 번쩍 든다. 이런 소식을 반면교사로 삼아 더욱 효과적이고도 효율적이며 실용적으로 사역해야겠다고 다짐하게 된다.

하지만 이런 가치 이면에 위험이 도사리고 있다면? 아니, 이것이 심지어 돈보다 더 위험하다면?

교회 주식회사에서 효율성이 절대적인 가치로 부상하면 공리주의라는 비성경적인 윤리가 뿌리를 내리기 쉽다. 그렇게 되면 사람들을 유용성과 상관없이 본연의 자체로 가치 있는 존재로 보지 않고 어떻게 하면 그들에게서 더 많은 돈이나 노동력, 영향력을 얻을 수 있을까 궁리하게 된다. 사역자로서 우리의 목표가 교인들을 섬기고 훈련하는 것에서, 착취하고 이용하는 것으로 바뀐다. 교인들을 어떻게 사랑할까보다는 어떻게 이용할까를 고민하며, 모두가 찬양해 마지않는 청지기 정신이라는 기치 아래 그런 불순한 동기를 숨긴다.

솔직히 교회를 위해 대기업 경영자 교인의 돈과 리더십을 이용하지 않고 매주 성도석에 앉혀만 둔다면 좋은 청지기라고 말할 수 없지 않은가. 언제 교회를 옮길지 모르는 청년들과 되갚을 능력이 없는 가난한 사람들에게 교회의 자원을 투자하는 것 또한 좋은 청지기가 아니지 않은가.

선물이 된 아름다운 낭비

우리는 태아나 노인, 정신질환자, 이민자, 빈민처럼 별로 이용 가치가 없는 사람들의 생명을 경시한다며 세상을 비난한다. 하지만 이런 사회적 악을 부추기는 공리주의적 가치가 교회 안에서도 더하면 더했지 결코 덜하지 않다. 그리스도의 복음을 전하는 사역자로서 우리는 인간을 비롯해서 모든 것이 이용하기 위해 존재한다는 세상의 가치에 과감히 맞서야 한다. 하나님이 은혜 가운데 만물을 이용할 대상이 아닌 눈으로 볼 대상으로 창조하셨다는 사실을 기억해야만 한다. 생각해 보라. 하나님이 에덴동산을 채운 나무들은 그저 음식으로 유용한 것이 아니라 눈으로 보기에 아름다운 작품들이었다(창 2:9). 때로는 덜 실용적인 방향이 더 하나님을 닮은 모습일 수 있다.

아름다운 '낭비'를 즐기시는 하나님의 성품은 예수님의 죽음 직전에도 여실히 나타났다. 한 여인이 탁자에 기대어 계신 예수님의 발에 비싼 향유를 병째 쏟아 부었다. 그 모습에 제자들은 펄쩍 뛰었다. 많은 현대의 사역자들과 마찬가지로 그들은 오직 실용성의 잣대로만 상황을 판단했기 때문이다. "이 향유를 삼백 데나리온 이상에 팔아 가난한 자들에게 줄 수 있었겠도다." 유다를 비롯한 제자들은 그렇게 여인을 타박했다.

그런데 예수님은 도리어 제자들을 나무라셨다. "가만 두라. 너희가 어찌하여 그를 괴롭게 하느냐? 그가 내게 좋은(아름다운) 일을 하였느니라."

언제나 아름다움보다 실용성이 우선이라고 믿는 사람들에게는 이 여인의 행동이 그저 낭비로 보일 뿐이다. 제자들은 쏟아진 향유를 잃어버린 기회로만 보았다. 그들에게 향유는 측정 가능한 결과를 얻기 위해 사용하거나 팔아야 할 상품에 불과할 뿐이다.

하지만 그들이 낭비로 해석했던 것을 예수님은 아름다운 예배로 보셨다. 진정한 예배는 투자 수익률을 추구하지 않기 때문에 결코 낭비가 될 수 없다. 진정한 예배는 거래가 아니다. 그것은 언제나 선물이다. '낭비적인' 선물.

사역자들도 예수님의 제자들처럼 효율성을 좋아한다. 아

마도 이것이 오늘날 많은 교회에서 예술이 제대로 대접을 받지 못하는 이유가 아닐까. 물론 우리도 아름다운 건축물과 음악, 그림을 높이 평가한다. 단, 그것이 성경의 진리를 전달하거나 세상 사람들을 교회 안으로 끌어들인다는 실용적인 목적에 부합할 때만 가치를 인정해 준다. 하지만 예술 자체를 위한 예술? 그런 예술이 어떻게 하나님을 영화롭게 할 수 있겠는가? 그런 예술에 투자하는 것이 어찌 지혜로운 투자일 수 있겠는가?

세상을 아름답게 가꾸는 예술가들은 가장 귀한 것 중에 가장 비실용적인 것이 많다는 사실을 우리에게 일깨워 준다. 예술가들은 세상을 새롭게 바라볼 수 있는 눈을 열어 준다. 그들의 눈에 세상은 사용하다가 버릴 자원들의 꾸러미가 아니라 받아서 즐겨야 할 선물이다. 그런 의미에서 창조적인 예술은 하나님의 은혜를 보여 주는 모델이라고 할 수 있다. 그래서 예술 직종을 인정하고 대접하는 교회일수록 하나님에 대한 올바른 시각이 자리잡힌 교회라고 말할 수 있다. 앤디 크라우치(Andy Crouch)는 말했다. "예술을 공리주의적인 시각으로 바라보아 우리의 목적에 유용한지에 따라 그 가치를 판단한다면 결국 예배, 나아가 하나님에 대해서도 똑같은 시각을 품을 가능성이 매우 높다."[1]

교회가 문화와 공리주의에 맞서 하나님에 대한 올바른 비전을 일으키려면 좀 더 낭비하는 법을 배워야 하지 않을까. 가끔은 실용주의의 목소리가 잠시 침묵하고 예술가들이 예언자적으로 나서서 우리의 예배를 낭비적인 모습으로 회복시켜야 하지 않을까? 예술가들을 통해 하나님을 이용하기보다는 그저 바라보는 분위기가 새롭게 일어나야 하지 않을까? 쓸모없는 것은 가차 없이

> **IMMEASURABLE**
> 진정한 예배는 거래가 아니다. 그것은 언제나 선물이다. '낭비적인' 선물.

버리는 불손한 세상 가치의 독을 우리의 영혼에서 몰아내기 위한 한 방편으로 당장 예배에 '쓸모없는' 사람들의 비실용성을 포용하면 어떨까?

   교회는 세상이 비실용적이고 낭비적이라 여기는 것들에 물질을 써야 할지도 모른다. 그러면 세상이 교회를 향해 비난의 목소리를 높일 때 예수님이 그분께는 귀하시면 쓸모없을 때가 많은 신부를 등 뒤로 감추면서 이렇게 두둔하실지도 모른다. "어찌하여 그를 괴롭게 하느냐? 그가 내게 좋은 일을 하였느니라."

04

조직의 생명력

조직 중심에서
예수 중심으로 눈을 돌리라

1998년에 작가 앤 라이스(Anne Rice)는 다시는 뱀파이어에 대한 소설을 쓰지 않겠다는 선언으로 독자들과 출판계를 충격의 도가니에 빠뜨렸다. 그는 《뱀파이어와의 인터뷰》(Interview with a Vampire)를 포함한 베스트셀러 《뱀파이어 연대기》(Vampire Chronicles) 시리즈를 출간했다. 《뱀파이어 연대기》는 좀비 열풍과 쌍벽을 이루는 뱀파이어 열풍을 일으킨 소설이란 평을 받는다. 하지만 그가 절필 선언을 한 이유는 그 해에 그리스도를 영접했기 때문이었다. "주 예수 그리스도께 내 삶을 바쳤다. 이제부터는 신앙인으로서 글을 쓸 것이다."

팬들은 뱀파이어와 마녀, 유령에 관한 책을 요청하며 아우성을 쳤다. 하지만 라이스는 단호했다. "우리 주 예수 그리스도야말로 궁극적인 슈퍼 영웅, 아웃사이더, 불멸의 존재가 아니신가?"[1]

대신 라이스는 누가복음을 바탕으로 예수님의 생애를 그린 두 편의 소설(정말 훌륭한 소설들이다!)을 발표했다. 그런데 뱀파이어에 관한 절필 선언이 있은 지 12년 만인 2010년 라이스는 페이스북을 통해 또 다시 충격적인 선언을 했다.

오늘부로 교인 노릇을 그만두려 한다. 그리스도께는 계속해서 헌신하겠지만 교인 노릇을 하거나 교회에 연루되는 것은 이제 끝이다. 그리스도의 이름으로, 동성애에 반대하는 것을 거부한다. 안티 페미니스트가 되는 것을 거부한다. 피임에 반대하는 것을 거부한다. 반민주주의자가 되는 것을 거부한다. 반세속적 인본주의를 거부한다. 그리스도의 이름으로, 기독교와 교인 노릇을 이제 그만둔다.

이 글은 열광적인 반응을 이끌었다. 수많은 사람이 이 글을 실어 나르고 '좋아요'를 눌렀다. 라이스는 기독교를 거부하는 이유를 분명히 밝혔다. 동시에 그녀는 그리스도에 대한 지속적인 헌신과 기독교에 대한 환멸을 분명히 구분했다.

도덕적 문제는 논외로 하고, 사실 라이스의 변화는 사회 전반적인 현상이다. 그리스도께는 끌리고 그분을 주님으로 따르고 싶지만 교회 주식회사에는 신물이 난 사람들이 점점 늘어나고 있다. 물론 라이스처럼 문화적 정치적 기독교와 연을 끊으려는 사람들도 있고 단순히 교회 리더들이 지우는 온갖 짐에 지친 사람들도 있다. 어떤 경우든 교회 주식회사의 조직적 구조에 대한 반감이 점점 고조되는 것이 사실이다. 교회를 생명력을 빨아먹는 뱀파이어로 느끼는 사람들의 숫자가 점점 늘어나고 있다.

지난 몇 년 사이에 이런 현상을 나름대로 해석한 책들이 쏟아져 나왔으나 어느 하나로 간단히 답을 내리기는 힘들다. 문제를 더 복잡하게 만드는 것은 단지 젊은이들만 교회를 떠나는 것이 아니라는 점이다. 기성세대도 우르르 교회 문을 빠져나오고 있다. 앤 라이스처럼 수십 년 교회를 다니고 심지어 교회를 이끌었던 사람들까지 교회에 등을 돌리고 있다. 조쉬 패커드(Josh Packard)가 진행한 광범위한 연구에 따르면 그리스도께 헌신한 사람일수록 교회를 그만둘 가능성이 더 높다고 한다.[2]

몇 년 전 '이곳은 우리 도시다'(This Is Our City)라는 프로젝트를 통해 전국을 돌며 비즈니스와 정부, 예술, 교육, 엔터테인먼트, 과학까지 다양한 분야에서 자신의 일을 세상 속의 하나님 일로 보는 크리스천들의 이야기를 소개한 적이 있다. 당시 정말 헌신적이고 훌륭한 사람들을 많이 만났는데, 그들은 어느 한 교회에 적을 둔 사람이 별로 없다는 사실에 적잖은 충격을 받았던 기억이 있다. 그들은 그리스도께 헌신하고 세상 속에서 열심히 그분을 섬기는 사람들이었지만 어느 교회에 다니느냐고 물으면 대부분이 어깨를 으쓱거리며 알 듯 모를 듯한 미소만 지었다. 한 교회를 정기적으로 다니는 사람들에게도 교회는 그들의 소명에 이렇다 할 영향을 미치지 못하고 있었다.

이런 현상이 내게는 큰 고민거리다. 나는 신앙을 떠나는 사람들이라는 더 큰 문제보다 그리스도께 삶을 바친 사람들이 교회를 떠나는 이유에 더 관심이 있다. 왜 사람들은 그리스도를 생명을 주시는 분으로 보면서 교회에 대해서는 생명력을 빼앗는 곳으로 여기는 것일까?

조직을 불신하는 세대

먼저 우리가 "교회"라고 말할 때 그것이 갖는 의미를 짚고 넘어갈 필요성이 있다. 우리는 교회를 네 가지 의미로 사용한다. 첫째, 기독교 예배에 사용되는 '건물'을 지칭한다. "저기 대로변에서 건축 중인 새 교회를 봤니?" 여기서 교회는 건물을 말한다.

둘째, 우리는 기독교 예배 '행사'를 지칭할 때 교회란 표현을 사용한다. "일요일에 교회에 가니?" 이것은 종교 행사에 참석하는지를 묻는 질문이다.

셋째, 기독교적인 목표들을 추구하는 리더와 직원, 프로그램, 자원을 갖춘 '조직'을 지칭할 때도 교회란 표현을 사용한다. "교회에 기부했어." 이는 정식 등록된 비영리 종교 단체에 건축이나 프로그램, 인력 등에 필요한 후원금을 냈다는 뜻이다.

넷째, 교회는 그리스도께 속해서 그분의 통치 아래서 사는 남녀노소의 '공동체'를 의미할 수도 있다. "저 사람은 우리 교회 식구야"라고 말할 때가 그런 의미다. 이는 그가 우리 동네에서 이루어진 크리스천들의 모임에 속해 있다는 말이다.

오늘날 이 모든 정의가 흔히 사용되고 있지만 신약에서는 이 중 하나, 바로 네 번째 정의만 사용되었다. 바로 여기서 문제가 시작된다. 요즘은 성경적으로 볼 때 교회는 건물이나 단순한 행사가 아니라는 사실을 대부분이 잘 알고 있다. 하지만 세 번째와 네 번째 정의로 가면 헷갈리기 시작한다. 당신은 "교회"라고 말할 때 조직과 리더, 예산, 프로그램을 떠올리는가? 아니면 믿음의 형제자매가 모인 공동체를 상상하는가?

사람들이 교회를 떠나는 이유를 이해하기 위해서는 이 차이를 구별하는 것이 매우 중요하다. 교회 중퇴자들을 직접 만나 자세한 질문을 던져보니 대부분이 기독교 공동체나 믿음의 형제자매들과의 교제를 거부하고 있지는 않았다. 그들은 단지 교회 조직에 더 이상 참여하기를 원하지 않을 뿐이었다. 그들이 거부하는 것은 신약에서 정의한 교회가 아니라 흔히 '교회'라고 불리는 비영리 종교 단체이다.

이 점은 조사를 통해서도 분명히 확인되있다. 1970년대 갤럽은 미국인의 68퍼센트가 조직화된 교회를 매우 신뢰하는 것으로 파악했다. 사실, 당시 미국에서 교회는 모든 조직 중에서 가장 존경받는 조직이었다. 하지만 오늘날 교회에 대한 신뢰는 48퍼센트까지 떨어졌고, 특히 젊은이들 사이에서는 그 수치가 훨씬 더 낮다.[3] 현대인들에게 조직 교회에 대한 헌신은 더 이상 중요하지 않다. 하지만 그것이 사람들이 기독교 공동체에 헌신하지 않는다는 뜻은 아니다.

그렇다고 너무 낙심하기엔 이르다. 더 큰 배경에서 보면 이런 쇠퇴는 사회 전체적인 현상이기도 하다. 갤럽 조사 결과, 지난 40년 동안 사실상 모든 조직의 신뢰성이 급격하게 추락했다. 이런 불신은 특히 젊은이들 사이에서 가장 두드러진다.[4] 내 세대 (X세대)와 (1980년 이후에 태어난) 밀레니엄 세대는 조직 자체에 대한 강한 반

IMMEASURABLE
하나님은 측정 불가능한 분이신데, 우리는 측정 가능한 결과에 집착하는 것이 문제다.

삶을 품고 있다. 특히, 조직의 규모가 클수록 불신의 골은 더 깊다. 큰 조직일수록 안정적이어서 믿을 만하다고 판단했던 이전 세대와는 너무도 다른 모습이다. 예를 들어, 베이비붐 세대는 대형 교회에 끌렸다. 현대의 대형 교회를 만들어 낸 것이 바로 그 세대다. 그럴 수밖에 없는 것이, 베이비붐 세대는 크기를 곧 성공으로 여겼다. "교회가 크니 사역을 제대로 하는 교회가 틀림없어." 이것이 그들의 논리였다.

하지만 우리 세대에게는 이런 논리가 생소하다. 우리는 조직이 실패하고 정부가 거짓말을 일삼고 교회가 추문을 쉬쉬하고 심지어 가장 신성하고도 친밀한 조직인 가정조차도 쉽게 해체되는 문화 속에서 자랐다. 정부 비리, 기업 비리, 재단 비리. 이것이 우리 시대의 현주소다. 젊은 세대에게 큰 것은 좋은 것이 아닌 부패한 것을 의미한다.

2013년 〈애틀랜틱〉(The Atlantic)지는 이런 현실을 조명한 "가장 큰 조직들에 대한 신뢰를 잃은 미국인들"이란 글을 실었다. 부제가 작금의 현실을 정확히 표현해 준다. "워싱턴만이 아니다. 전국적으로 시청, 신문사, 교회에 대한 시민들의 신뢰가 무너지고 있다." 이 글에서 소개한 조사에 따르면, 우리 세대는 더 이상 특정 조직에 삶을 바칠 생각이 없다. 이 글에 인용된 사회학자 로라 한센(Laura Hansen)의 글은 다음과 같은 표현을 사용하고 있다.

우리는 미디어에 대한 신뢰를 잃었다. 월터 크롱카이트(Walter Cronkite)를 기억하는가? 우리 문화는 그것을 잃어버렸다. 우리는 유명한 영화배우들에 관해 너무도 잘 알기에 그들을 본받을 마음이 조금도 없다. 정치인들의 삶을 너무도 잘 알기에 정치에 대해서도 그것을 잃어버렸다. 우리는 모든 것에 대해 기본적인 신뢰를 잃어버렸다.[5]

하지만 우리가 조직에 대한 신뢰를 잃어버린 것은 단순히 부패와 실패 때문이 아니다. 기술 혁명으로 뭐든 홀로 해 낼 수 있는 시대가 되면서 젊은이들은 예전만큼 조직에 의존하지 않는다. 지금 60이 넘은 노년층은 고등학교나 대학교를 나오면 무조건 회사에 들어가야 하는 줄 알았다. 그들은 중소기업 이상, 이왕이면 대기업에 취직하기 위해 노력했다. 그리고 회사에 한 번 들어가면 그곳을 평생직장으로 삼았다.

하지만 이제 시대가 완전히 달라졌다. 한 여론 조사 결과에 의하면 대학생 열 명 중 여섯 명은 졸업 후 창업을 생각한다고 한다.[6] 처음에는 얼토당토않은 통계라고 생각했는데, 가만히 생각해 보니 나는 신학교를 졸업하기도 전에 사업을 시작했다. 뿐만 아니라 그 뒤로 세 번의 사업을 더했다.

이 세대는 조직을 깊이 불신하는 창업가들의 세대다. 그리고 이런 가치는 우리의 신앙생활에까지 영향을 미치고 있다. 우리는 그리스도를 좇기는 하지만 평생 어느 한 교회에 몸을 담을 생각이 추호도 없다. 그저 팀 켈러의 팟캐스트에서 성경을 배우고, 월드 릴리프(World Relief)나 IJM(International Justice Mission)의 사역에 참여하는 것만으로 충분하다. 수요일 밤마다 몇몇 친구들과 프랜시스 챈(Francis Chan)의 책을 공부하거나 한 달에 한 번씩 교회의 예배에 참여해 신앙의 목마름을 해갈한다. 하지만 한 교회에 등록하고 정착한다? 그것은 정중히 사양한다.

뱀파이어 교회?!

여기까지가 현대 사회 전체의 흐름에 대한 간단한 브리핑이다. 우리가 사는 현 시대는 조직은 지고 창업은 뜨는 시대다. 이제는 교회 안으로 범위로 좁혀 보자. 요즘 교회에서 어떤 일이 벌어지기에 사람들이 떠나고 있는가?

에베소서 4장에서 사도 바울은 교회가 어떻게 기능해야 하는지에 관한 비전을 제시한다. 먼저 교회를 향한 하나님의 의도를 정확히 알아야만 우리가 그 의도에서 얼마나 벗어나 엉뚱한 뱀파이어 교회를 탄생시켰는지를 이해하기 시작할 수 있다.

바울은 하나님과의 연합에 관한 이야기로 글의 포문을 열지만 곧바로 우리의 다양성을 이야기한다. "우리 각 사람에게 그리스도의 선물의 분량대로 은혜를 주셨나니"(엡 4:7). 그리고 나서 시편 68편을 인용한다. "그러므로 이르기를 그가 위로 올라가실 때에 사로잡혔던 자들을 사로잡으시고 사람들에게 선물을 주셨다 하였도다"(엡 4:8).

이는 부활과 승천을 통한 예수님의 승리를 이야기하는 것이다. 승전보를 갖고 돌아오는 왕처럼 예수님은 그분의 백성에게 전리품을 나누어 주신다. 계속해서 바울은 말한다. "올라가셨다 하였은즉 땅 아래 낮은 곳으로 내리셨던 것이 아니면 무엇이냐? 내리셨던 그가 곧 모든 하늘 위에 오르신 자니 이는 만물을 충만하게 하려 하심이라"(엡 4:9-10).

이것은 교회를 향한 하나님의 비전을 연구할 때 매우 중요하면서도 자주 간과되는 측면이다. 바울은 예수님이 성육신을 통해 땅에 내려오고 부활 후 승리의 왕으로서 하늘로 오르신 목적이 "만물을 충만하게" 하기 위함이라고 말한다. 쉽게 말해, 예수님의 사명은 만물을 다스리는 것이다.

이런 관점에서 바울은 예수님이 교회에 사람들을 선물로 주셨다고 말한다. "그가 어떤 사람은 사도로, 어떤 사람은 선지자로, 어떤 사람은 복음 전하는 자로, 어떤 사람은 사역자와 교사로 삼으셨으니"(엡 4:11).

바울은 다른 서간문들에서는 영적 은사를 가르침, 치유, 예언, 대접 같은 기능으로 소개하지만 에베소서에서는 다른 접근법을 취한다. 이번에는 행동들을 나열하는 대신 사람들을 나열한다. 바울은 그리스도가 중요한 목적을 위해 사도와 선지자, 전도자, 교사, 사역자 같은 리더들을 교회에 선물로 주셨다고 한다. 그 목적은 "성도를 … 봉사의 일을 하게" 하기 위해서다(엡 4:12).

이 구절에서 우리는 또 다른 언어 문제를 발견할 수 있다. '교회'라는 단어와 마찬가지로 '봉사의 일' 곧 '사역'이란 단어도 심각하게 오용되고 있음을 알 수 있다. 오늘날 사역은 주로 종교 활동을 의미한다. 사역자는 사역을 하지만 배관공은 사역을 하지 않는다. 선교사는 사역을 하지만 자동차 수리공은

〈그림 1〉

사역을 하지 않는다. 자원봉사자가 성경 공부 소그룹을 이끌면 그것은 사역이지만, 자원봉사자가 공상과학소설 북클럽을 이끌면 그것은 사역이 아니다. 우리는 사역을 교회 일로 정의한다. 하지만 바울은 그런 의도로 사역이란 단어를 사용하지 않았다.

무엇보다도, 바울 시대에는 교회 건물이나 정식 등록된 종교 단체라는 것이 없었다. 그리고 당시 '사역'이란 단어는 특정 직업이나 특정 부류를 지칭하지 않았다. 당시에는 하나님께 영광이 되는 모든 섬김의 활동이 곧 사역이었다. 여기서 바울의 요지를 제대로 이해하려면 배경을 다시 살펴봐야 한다. 바울은 교회에 주신 그리스도의 선물들, 리더들, 성도를 훈련시키는 리더의 역할을 더 넓고도 우주적인 그리스도의 사명이라는 배경 속에서 다루고 있다. 그리스도의 사명은 만물을 다스리는 것이기에 여기서 바울의 질문은 "예수님이 만물을 어떻게 다스리는가?"이다. 답은, 그분의 백성이 모든 곳에서 그분을 섬기고 그분의 통치를 드러내도록 교회에 리더를 세우시고 그분의 능력으로 충만케 하시는 것이다.

그분의 통치는 온 세상에서 드러나야 한다. 교회 건물 안에서만이 아니라, 비영리 종교 단체의 기치 아래에서만이 아니라, 주일만이 아니라, 교회의 사역자들은 성도가 언제 어디서나 삶의 모든 영역에서 예수님을 섬길 수 있도록 준비시키는 역할로 부름을 받았다.

교회와 리더에 대한 이 비전이 얼마나 아름답고도 매력적인가. 심지어 사역자들의 무거운 짐을 덜어 주니 얼마나 기분 좋은가.

하지만 문제가 있다. 에베소서 4장에 나타난 이 비전은 현재 교회 주식회사의 주된 사역 철학이 아니다. 내가 신학교에서 배우고 대부분의 사역 세미나와 교회 성장 서적에서 추천하는 모델은 〈그림 3〉과 같은 모습에 더 가깝다.

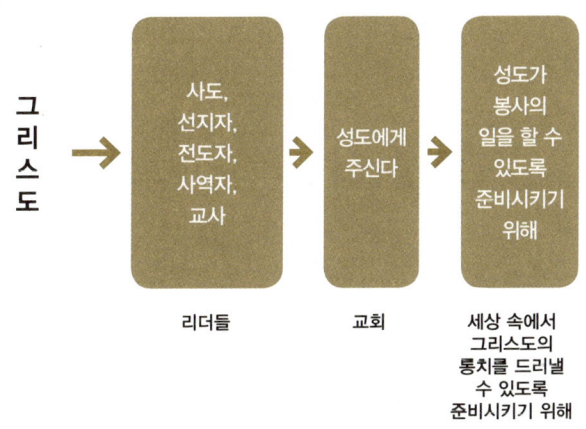

〈그림 2〉 에베소서 4장

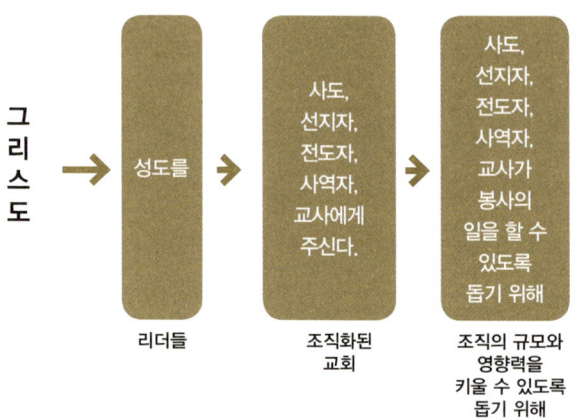

〈그림 3〉 뱀파이어 교회

이것이 내가 '뱀파이어 교회'라고 부르는 모델로 예수님의 사명과 사역의 의미를 오해한 결과물이다. 이 모델의 전제는 예수님의 목표가 단순히 교회를 다스리는 것이며 피조세계의 다른 모든 측면은 전부 무의미하다는 것이다. 뱀파이어 교회는 하나님이 우주를 창조하신 뒤에는 속세에서 완전히 벗어나 오로지 교회 일에만 전념하셨다고 가정한다. 그래서 비즈니스나 정부, 예술, 교육, 가정, 미디어 분야에 있는 하나님 백성들의 직업은 교회 주식회사에서 좀처럼 대접을 받지 못한다. 그런 직업은 하나님이 주신 진정한 소명으로 취급을 받지 못한다.

뱀파이어 교회는 성도가 세상 속에서 하나님의 통치를 드러내도록 준비시키기보다는 교회 조직의 목표를 달성하기 위해 교인들을 이용하는 데 초점을 둔다. 신자가 저 바깥세상에서 자신의 직업과 그리스도를 닮은 삶을 통해 하나님의 백성과 그 이웃들을 섬기도록 풀어놓지 않고 어떻게든 그를 교회 조직 안에 묶어 두려고만 한다. 그렇게 사람들을 성장시키기보다는 이용하려고만 하니 그곳에만 가면 너도 나도 생명력을 빼앗겨 기진맥진할 수밖에 없다.

뱀파이어 교회 모델로 인해 조직이라면 질색하는 요즘 풍조와 맞물리는 수많은 사람을 교회 밖으로 내동댕이치는 거대한 허리케인이 발생한다. 이 세대는 산업혁명 이후의 어떤 세대보다도 조직에 대해 불신하는 세대다. 그런데 고도로 조직화되고 철저히 내부지향적인 교회 모델이 기독교를 지배하고 있다. 그러니 젊은이들, 특히나 그리스도께 헌신한 젊은이들이 어느 한 교회 조직에 뿌리를 내리지 않는 것도 무리는 아니다.

몇 년 전 〈리더십 저널〉(Leadership Journal)에 있는 동료들과 함께 사역자들의 소리를 듣는 투어를 기획한 적이 있다. 전국의 사역자들을 만나 그들의 애로사항에 귀를 기울이는 행사였다. 그중에서 어느 교회의 설립자와 나눈 대화가 기억에 남는다. 그는 내 또래였는데 나보다 훨씬 멋진 사람이었다.

"현재 가장 큰 문제는 무엇입니까?" 내가 묻자마자 그는 일말의 고민도 없이 대답했다. "교회에 헌신지 않으려는 세대에게 어떻게 다가가야 할지 고민입니다."

그 말을 듣자마자 떠오른 생각은 '무슨 의미로 교회란 단어를 사용한 것일까?'였다. 자세히 들어보니, 그의 지역에서 많은 청년이 협력 단체와 성경 공부 모임, 교제를 통해 지역

사회에 열심히 참여하고 있다. 그런데 그 사역자에 따르면 문제는 그 청년들이 교회에 투자하는 시간과 돈을 "늘리지" 않는다는 것이었다.

"청년들에게 무엇을 하라고 요구하십니까?" 내가 묻자 그 사역자는 아웃리치 프로그램이며 서비스 프로젝트와 성육신적 선교 파트너십까지 추진하고 싶은 온갖 사역 프로그램을 설명했다. 하지만 청년들은 도무지 그런 프로그램에 헌신하려고 하지 않았다. 아마 이 대목에서 "정말 그래"라며 한숨을 내쉬는 사역자가 한둘이 아닐 것이다.

하지만 내가 관찰한 현실은 전혀 달랐다. 나는 그 사역자를 만나기 전에도 그 도시를 자주 찾아갔다. 내 눈에 젊은 크리스천들이 그보다 더 열심히 활동하는 도시는 미국 어디에도 없었다. 그런 청년들의 이야기를 우리의 주력 잡지인 〈크리스채니티 투데이〉(Christianity Today)를 통해 여러 차례 소개했던 기억이 난다. 그 지역의 젊은 크리스천들은 인신매매를 뿌리 뽑고, 노숙자들을 지원하고, 방과 후 프로그램을 운영하고, 교회와 동성애 단체들 사이에 치유와 이해의 다리를 놓고, 빈민촌을 아름답게 꾸미기 위해 모든 노력과 문화 채널을 동원했다. 그런가 하면 비록 푸드 트럭을 운영하지만 분명한 소명 의식과 선교의 자세로 하는 청년들도 만났다.

이 사역자는 젊은 크리스천들이 교회 조직의 목표에 헌신하지 않는다고 불평했고, 결론은 그들이 그리스도께 헌신하지 않는다는 것이었다. 하지만 오히려 정반대라면? 청년들이 교회 조직에 헌신하지 않는 것이 문제가 아니라 교회가 청년들에게 헌신하지 않는 것이 문제라면? 나는 그 사역자에게 다른 접근법을 제안했다. 청년들을 자기 교회의 프로그램과 목표에 참여시키려고 하지 말고, 청년들이 세상 속에서 하나님이 부르신 일을 더 잘 감당할 수 있도록 준비시키는 교회로 변모하면 어떨까? 멍한 눈빛으로 보아 내 아이디어가 마음에 들지 않는 게 분명했다.

하지만 정말 감사한 사실은 뱀파이어 교회 모델을 버리는 사역자들이 있다는 것이다. 이제 많은 사역자가 교회 주식회사와 바울이 에베소서 4장에서 묘사한 교회 사이의 괴리를 보기 시작했다. 사람들을 이용하는 곳에서 사람들을 성장시키고 준비시키는 곳으로 변하고 있는 교회들이 속속 나타나고 있다. "얼마나 많은 교인이 주일에 교회로 찾아오는가?"에서 "얼마나 많은 교인이 월요일부터 토요일까지 각자 삶의 터전에서 그리스도의 통치를 드러내는가?"로 초점이 이동하고 있다.

나는 그렇게 말하는 사역자를 많이 만났다. 하지만 더 고무적인 것은 실제로 자신의 교회에서 세상으로 나가기 위한 준비를 하고 있다고 말하는 교인들을 적잖이 만나게 된다는 사실이다. 하나님이 이 땅에 주신 가장 중요한 자원은 구속받아 성령 충만해진 그분의 백성이다. 사역자의 역할은 동물원의 동물들처럼 사람들을 모아 보호하는 것이 아니라 단단히 준비시켜 세상이라는 정글 속으로 보내는 것이다.

IMMEASURABLE
우리가 교회 조직 안에서만 하는 일이 아니라 세상 속에서 그리스도의 통치를 드러내기 위해 하는 모든 일이 곧 사역이다.

분명, 소망이 있다. 우리 리더들이 뱀파이어 교회를 세우지 않으려면 다음 세 가지를 늘 기억해야만 한다.

1. 교회는 구속과 능력이 있는 하나님 백성의 공동체다.
2. 교회 조직은 하나님의 백성을 성장시키기 위해 존재한다. 하나님의 백성이 교회 조직을 성장시키기 위해 존재하는 것이 아니다.
3. 우리가 교회 조직 안에서만 하는 일이 아니라 세상 속에서 그리스도의 통치를 드러내기 위해 하는 모든 일이 곧 사역이다.

오래 전 달라스 윌라드(Dallas Willard)를 인터뷰한 적이 있다. 우리는 앞서 지적했던 문제점을 비롯해서 현대 교회의 역기능들에 관해서 진지한 대화를 나누었다. 문제점과 그 근본 원인들을 정확히 꿰뚫고 있는 그의 깊은 통찰력에 절로 고개가 숙여졌다. 두 시간의 대화가 끝날 무렵, 나는 이렇게 물었다. "현대 교회가 이토록 망가져 있으니 이제 그만 백기를 들어야 겠죠?"

그러자 그가 빙그레 웃으며 대답했다. "절대 그럴 수 없습니다."

"무슨 말씀이세요? 방금 두 시간 내내 교회의 온갖 문제점을 지적하셨잖아요. 이런 상황에서 어떻게 포기하지 않을 수 있습니까?"

"그건 그리스도가 교회의 머리이시고, 그분의 교회를 그리스도가 알아서 이끄실 것이기 때문입니다."

현대 교회는 많은 난관에 직면했다. 위에서 소개한 것은 그중 몇 가지에 불과하다. 이런 난관 앞에서 우리의 대응책은 강력한 새 프로그램을 내놓거나 마케팅 전문가들이 말하는 최신 트렌드를 알아내는 것이 되어서는 안 된다. 점점 세속화되어가는 세상 문화에 손가락질을 하거나 조직화된 교회에 삿대질을 하는 것도 답은 아니다.

리더들, 교회, 그리스도의 백성을 위한 올바른 해법은 자신을 그리스도와 그분의 말씀에 더욱 일치시키고, 각 사람과 이 세상을 향한 참된 소명을 다시금 기억하며, 부활하셔서 하나님의 우편에 앉아 계시며 지금도 계속해서 만물을 새롭게 하시는 그리스도의 통치를 여과 없이 드러내는 것이다. 그분이 변함없이 교회의 머리시고 음부의 권세가 교회를 이기지 못하기 때문에 우리에겐 소망이 있다.

05

리더의 역할

이미 양 떼의 주인은
정해져 있다

2005년 터키에서 일어난 일이다. 게바쉬라는 마을의 주민들은 양 한 마리가 절벽 아래로 몸을 던져 죽자 뒤를 이어 1,500마리가 따라서 뛰어내리는 경악스러운 광경을 목격했다. 가축에 의지해서 살아가는 마을 사람들이 너무 놀라고 당황한 채로 절벽 아래에 도착해 보니 하얀 죽음의 언덕이 솟아나 있었다. 총 450마리가 죽었고 나머지는 살아남았다. 시체 언덕이 점점 높아지면서 일종의 쿠션 기능을 했던 것 같다. 도대체 양들은 왜 죽음을 택했을까?

사건을 조사해 보니 목자들이 양 떼를 잠깐 산에 놔두고 아침식사를 하러 간 사이에 사고가 벌어졌다. 아무런 이유가 없었다. 이처럼 양은 무척이나 어리석다. 목자의 중요성은 가축의 지능에 반비례한다. 예를 들어, 개는 돌보는 인간이 없이도 꽤 잘 살아갈 수 있다. 돌고래는 이 방면에서 더욱 뛰어나다.

반면, 양은 절벽에서 뛰어내리지 않을 만큼의 분별력도 없다. 그래서 목자 없이는 살기 힘들다. 성경이 하나님의 백성을 양에 자주 비유한다는 사실에서 우리는 겸손해져야 마땅하다. 어리석은 양과 같은 우리를 인도하고 먹이며 세상으로

부터 보호해 줄 신실한 목자가 반드시 필요하다. 매우 악하고 어리석은 생명체이기 때문이다. 우리는 언제 파멸의 벼랑으로 몸을 던질지 모를 만큼 위태로운 존재다. 그런데 하나님의 양 떼가 가진 이런 속성으로 인해 목자들은 자기 역할의 선을 넘고 싶은 유혹을 느끼곤 한다. 때로는 무엇이 자신의 관할이 아닌지를 아는 것이 사역의 가장 어려운 부분이다.

직권남용의 유혹을 떨치고, 진짜 목자가 되다

부활하신 예수님은 베드로를 회복시켜 그분의 양 떼를 치는 사명을 주셨다. 그때 예수님은 베드로에게 세 번이나 양 떼를 "먹이라" 혹은 "치라"라고 명령하신 뒤에 결국 그가 순교할 것을 암시하는 말씀으로 마무리하셨다.

베드로가 곧바로 요한을 의식하며 그의 소명에 관해 물은 것으로 보아 자신의 임무가 별로 탐탁지 않았던 것이 분명하다. 예수님은 그런 그를 즉시 꾸짖으셨다. "내가 올 때까지 그를 머물게 하고자 할지라도 네게 무슨 상관이냐? 너는 나를 따르라"(요 21:22).

이 이야기에서 우리는 직권남용의 유혹을 볼 수 있다. 베드로는 요한이 어떤 일로 부름을 받을지 알고 싶었다. 아마도 그에 대한 예수님의 결정에 자신의 의견을 조금이라도 반영시키고 싶었을 것이다. 하지만 예수님은 누구를 무엇으로 부를지가 그의 소관이 아니라고 분명히 못을 박으셨다. 예수님의 말씀을 우리들의 말로 다음과 같이 표현할 수 있을 것이다. "너는 양 떼를 먹이고 치기만 하면 된다. 부를 필요는 없다. 그것은 내 권한이다. 너는 종이고 내가 주인이다."

> **IMMEASURABLE**
> 우리의 임무는 제자들을 그리스도와의 더 깊은 연합으로 인도하는 것이다. 그리스도의 양 떼에게 필요한 것은 목자다.

예나 지금이나 이것이 목자들을 괴롭히는 유혹이다. 양 떼가 얼마나 무기력하고 어리석은지를 알기에 목자들은 자신들의 인도함 없이 양 떼가 아무것도 할 수 없다고 믿는다. 그래서 단순히 양 떼를 먹이고 치는 것을 넘어 양 떼를 특정한 일로 불러야 한다고, 즉 해야 할 일까지 알려 주어야 한다고 생각한다.

물론 어느 정도는 맞는 말이다. 양 떼를 먹이고 치는 데는 가르치는 일도 포함된다. 우리는 양 떼에게 하나님이 성경을 통해 주신 모든 명령을 가르치고 거기에 순종하도록 이끌어야 한다. 이렇게 모든 제자에게 동일하게 적용되는 성경의 일반적인 명령을 흔히 '공동' 혹은 '공통' 소명이라고 부른다.

하지만 각 제자의 특별한 소명에까지 관여하는 것은 분명한 직권남용이다. 이것이 베드로가 요한에게 하려고 했던 것이다. 사실, 리더십에 관한 세상의 정의가 이런 직권남용을 부추긴다. 기업에서 리더는 비전을 제시하는 사람이다. 리더는 사람들을 하나의 프로젝트로 불러 모으고 그것을 완수하게 만든다. 그런데 언제부터인가 교회도 이런 리더십을 받아들이기 시작했다. 마찬가지로 우리도 어느 순간부터 하나님이 주신 비전을 선포하고 그 하나의 일로 모든 사람을 부르는 것이 사역자의 역할이리고 생각한다. 그렇다면 성공은 우리의 부름에 얼마나 많은 사람이 화답하느냐에 따라 결정된다.

우리는 사람들을 사역자나 전도자, 이왕이면 선교사로 부르는 데 너무 많은 에너지를 쏟아 붓는다. 물론 지극히 선한 의도를 가졌다. 어디까지나 하나님의 역사가 이루어지기를 원해서 그렇게 하는 것이다. 하지만 우리가 망각하고 있는 중요한 사실은 하나님이 양 떼를 치고 먹이는 목자로 부르셨지 양 떼를 부르는 주인으로 부르시지 않았다는 점이다. 양 떼를 부르는 일은 주인의 몫이다. 결국 양 떼는 주인의 것이기 때문이다.

마태복음 9장에서 예수님은 "추수할 것은 많되 일꾼이 적으니"라고 하면서도 제자들에게 더 많은 일꾼을 부르라고 명령하시지 않았다. 대신 "추수하는 주인에게 청하여 추수할 일꾼들을 보내 주소서 하라"고 명령하셨다. 예수님은 부름이라는 하나님의 일을 아웃소싱하신 적이 없다.

양 떼로 우리의 품 아래에 보호하려는 본능은 좋은 것이다. 하나님도 그들을 안전하게 인도할 사람이 필요하다는 것을 잘 알고 계신다. 하지만 먹이고 치는 것이 일일이 통제하는 것이 된다면 목자로서의 역할을 넘어서는 것이다. 우리는 최대한 많은 사람을 사역이나 선교, 교회 일로 부르는 것이 우리의 임무라고 생각하지만 각 제자의 특별한 사명은 언제나 그리스도에게서 오는 것이다.

우리의 임무는 제자들을 그리스도와의 더 깊은 연합으로

인도하는 것이다. 그리스도의 양 떼에게 필요한 것은 목자일 뿐이다. 우리가 양의 주인이 아니다. 양의 주인은 이미 정해져 있다.

06

하나님의 임재

지금 하나님의 임재를
경험하고 있는가

우리는 항상 세 가지 드라마에 참여하고 있다. 그중에서 궁극적으로 중요한 드라마는 오직 하나뿐이다.

세 가지 드라마의 실체

첫째, 실무의 드라마가 있다. 실무는 일을 벌이고 성과를 만드는 것을 의미한다. 대부분의 교회 리더들에게 실무의 드라마는 출석률과 건물, 현금의 삼박자를 충분히 갖춰 사역의 운영에 차질이 없게 만드는 것이다. 그런가 하면 좀 더 고상하지만 결국 실무적인 관심사도 있다. 이를테면 젊은 세대를 교회로 끌어들이거나 리더들이나 제자 훈련 사역을 전략적으로 재정비하는 것이다. 실무의 드라마를 터득한 사람들은 주로 존경과 찬사를 받는 사람들이다. 그들은 성과를 거두는 법을 알고 있다. 그래서 우리는 그들의 책을 사고 그들의 세미나에 참석하며 그들의 조언에 귀를 기울인다.

하지만 실무에 뛰어난 행동가들이 흔히 무시하는 두 번째 드라마도 있다. 그것은 바로 이론의 드라마다. 우리가 분주하게 삶을 살아가고 사역을 하는 동안 이면에서 우리의 결정을 쇠사우시하는 더 깊은 차원의 드라마가 있다. 이 이론의 드라마는 우리의 가정과 믿음에 보이지 않는 영향력을 행사한다. 무대 뒤에 숨어서 레버를 당기고 버튼을 눌러 우리의 실질적인 결정을 조종한다. 이런 은밀한 힘은 좀처럼 겉으로 드러나지 않기 때문에 제동이 걸리는 경우가 거의 없다. 이런 힘에는 교회와 선교, 문화, 신학에 관한 실질적인 믿음이 포함된다. 깊이 사고하고 자신을 돌아보는 능력이 뛰어난 사람들은 단순하게 행동하는 사람들보다 이론적인 면을 더 고민하고 파악한다. 그들은 주로 세상을 운영하는 것보다 세상 자체에 관심이 많다.

눈에 보이는 드라마와 숨겨진 드라마

대부분의 사역자와 교회 리더들, 그리고 그들을 돕기 위한 자료들은 이 두 가지 드라마, 즉 실무와 이론에 주로 관심을 둔다. 무엇을 해야 하는가? 그리고 무엇을 생각해야 하는가? 하지만 만약 이 두 드라마가 삶이나 동기의 전부를 차지한다고 생각하면 스스로를 속이는 것이다. 실무의 이면에, 이론보다 더 깊은 차원에, 둘보다 더 강력한 세 번째 드라마가 있다. 이 드라마의 조용한 움직임은 다른 두 드라마를 통제한다. 이 드라마는 바로 영원의 드라마다.

퀘이커교 선교사이자 학자였던 토머스 켈리(Thomas Kelly)는 제2차 세계대전이 확산될 당시 이 깊은 드라마에 관해 썼다.

우리 앞에 들끓고, 싸우고, 괴로워하고, 죽어가는 사람들과 국가들의 드라마가 있다. 지금 우리 모두의 눈은 이 비극적인 드라마에 고정되어 있다. 하지만 사람들의 고요한 영혼 속에서는 지금만이 아니라 언제나 영원한 드라마가 공연되고 있다. 그리고 궁극적으로는 이 내적 드라마의 결과에 외적 역사의 야외극이 달려 있다. 이것은 사람을 집요하게 추적하는 천국 사냥개의 드라마다.[1]

사역자들은 단순히 종교 단체의 실무를 맡은 관리자가 아니다. 이론과 비전의 구름 위에서만 떠다니는 사상가도 아니다. 우리는 남녀노소의 영혼을 돌보는 일로 부름을 받은 영적 리더다. 우리는 누구보다도 영원의 드라마를 민감하게 의식하며 살도록 부름을 받았다. 하지만 요즘 교회 리더들에게서 이 책임에 관하여 듣기는 하늘에 별 따기다. 교회의 리더들이 이 책임을 맡지 않으면 누가 맡는단 말인가.

물론 '사람들의 고요한 영혼'을 들여다보려면 먼저 자신의 영혼에 있는 은밀한 것들을 분별할 줄 알아야 한다. '선교적'(missional) 교회와 '유인적'(attractional) 교회 모델 중 무엇이 나은가를 놓고 벌어진 사역자들의 토론회에서 사회를 본 적이 있다. 그곳에서는 이론의 드라마가 공연되고 있었다. 하지만 나는 이론보다 더 깊은 문제가 논쟁을 이끌어 가고 있음을 느꼈다. 이 사역자들은 자기 영혼의 상태를 분명하

IMMEASURABLE
'사람들의 고요한 영혼'을 들여다보려면 먼저 자신의 영혼에 있는 은밀한 것들을 분별할 줄 알아야 한다.

게 의식하고 있있을까? 어떤 교회 모델을 선호하느냐가 내면 깊은 곳에서 벌어지는 영원의 드라마와 밀접하게 연결되었다는 점을 사역자들은 의식하고 있는가? 많은 사람을 교회로 불러 설교를 듣게 하려는 것이 혹시 나의 불안한 정체성에서 비롯한 것은 아닐까? 공격적인 선교 모델을 옹호하는 것이 혹시 나의 성취욕에서 비롯한 것은 아닐까? 모든 이론의 드라마 이면에는 영원의 드라마가 숨겨져 있다.

예수님의 드라마를 배우다

마찬가지로, 사역자들이 정신없이 동분서주하는 모습의 이면에도 영원의 드라마가 흐르고 있다. 우리의 행동, 심지어 바삐 뛰어다니는 행동도 그리스도의 품 안에서 편히 쉬는 영혼으로부터 흘러나오고 있는가? 아니면 눈부신 성과를 통해 스스로 높아지려는 우상숭배적인 욕심에서 비롯한 것인가? 토머스 켈리에 따르면 궁극적으로 이런 내적 드라마가 우리 삶과 사역의 외적 야외극을 결정한다.

안타깝게도, 잘 나가는 사역자들의 이중생활에 관한 소식이 자주 들린다. 2006년 뉴라이프교회의 사역자이자 미국 복음주의협회의 회장이었던 테드 해거드(Ted Haggard)의 스캔들이 터졌다. 당시 우리 교회는 리더의 스캔들에서 겨우 회복되는 중이었다. 등잔 밑이 어둡다고, 우리 교회 문제의 이면에서 벌어지는 드라마는 내 눈에 잘 보이지 않았지만 멀리 떨어져 있는 해거드 사건의 드라마는 똑똑히 보였다. 해

거드는 자타가 공인하는 실무 드라마의 달인이었다. 교회를 어마어마한 크기로 성장시켰으니 말이다.

또한 많은 사람이 이론의 드라마와 관련된 그의 능력에 엄지를 치켜세웠다. 덕분에 그는 복음주의의 정치 문화 운동을 선두에서 이끄는 리더가 되었다. 하지만 궁극적으로 그의 운명을 결정한 것은 영혼 속에서 펼쳐진 영원의 드라마였다. 그의 몰락을 지켜보며 문득 궁금해졌다. 그를 마약과 부도덕한 성 행위로 이끈 영혼의 상처가 사역의 성공을 이끈 원동력이기도 했을까? 실무적인 사역 성공과 뼈아픈 실패가 같은 씨앗에서 싹틀 수 있을까?

유명 사역자들(실무 드라마의 대가들)과 신학 권위자들(이론 드라마의 대가들)에게서 눈을 떼어 다시 예수님께 시선을 고정하면 정말로 중요한 한 가지 드라마에만 집중했던 영적 리더가 보인다. 예수님의 영혼은 아버지와 하나로 연합되어 있었고 그분의 정체성은 아버지의 사랑 안에서 안정되어 있었다. 그분은 그런 영적 기초 위에서 사역하셨다. 그분은 능력으로 놀라운 일을 행하셨고(실무의 드라마) 심오한 진리를 가르치셨지만(이론의 드라마) 가장 중요한 것은 그분이 외적인 실패와 조롱, 버림을 견뎌낼 용기를 찾으셨다는 것이다. 영원의 드라마 즉 아버지와의 내적 교제가 삶의 외적 드라마를 결정했다. 불행히도 경중과 선후가 뒤바뀐 사역자들이 너무도 많다. 우리는 항상 세 가지 드라마에 참여하고 있다. 하지만 그중에서 궁극적으로 중요한 드라마는 오직 하나뿐이다.

07

안식

일을 멈추면 소명을 발견할
여유가 생긴다

"우리는 왜 그렇게 힘들게 일할까요?"

한 남자가 연못과 깔끔하게 정돈된 잔디밭 옆에 서서 그렇게 묻는다.

"다른 나라에서는 빨리 일을 마치고 집까지 산책을 한다는군요. 도중에 카페에 들러서 차도 한 잔 마시고 여름 휴가로 한달을 통째로 쉬기도 한다더군요. 왜 당신은 이렇게 하지 않을까요? 왜 우리는 이렇게 하지 않을까요? 그건 우리가 신념을 갖고 미친 듯이 열심히 일하는 사람들이기 때문이죠. 그게 이유입니다."

2014년의 이 광고는 물질주의와 일중독을 조장한다는 이유로 맹비판을 받았다. 그런데 많은 비판자들이 간과한 것은 이 광고가 현실을 정확히 지적했다는 사실이다.

국제노동기구에 따르면, 미국인들은 세계 어느 나라 사람들 보다 많이 일하고 적게 쉬며 늦게 은퇴한다.[1] 요즘 현대인들은 너나 할 것 없이 과로에 시달리고 있다. 현대인들은 그 어느 때보다도 일 중심의 세상에서 살고 있다. 이런 현실로 볼 때, 예수 그리스도를 영접한 우리는 영적 형성의 중요한 측면으로서 일의 문제를 가볍게 여기지 말아야 한다. 하지만 바나 그룹이 교회에 다니는 성인들을 조사한 결과, 3분의 2가 교회에서 일에 관한 가르침을 들은 적이 없다고 대답했다.[2]

최근 이 주제를 다룬 사역자 세미나에서 몇몇이 나를 도발했다. "그렇지 않아도 일에 집착하는 세상인데 교회에서까지 일 얘기를 해야 쓰겠습니까?"

얼핏 일리가 있는 말처럼 들린다. 하지만 같은 논리를 또 다른 문화적 집착에 적용해 보자. 현대 사회는 성에 집착한다. 그런데 수세대 동안 교회는 가끔 세상의 왜곡된 성 가치를 비판하는 것 외에 성이란 주제를 아예 회피했다. 수십 년 전에 세상의 성 우상화에 대한 마땅한 대안을 제시하지 못했던 교회가 현재 그 주제에 관한 신뢰성을 되찾기 위해 고군분투하고 있다. 다행히, 현재의 많은 사역자들이 성에 대하여 무시 아니면 비난이라는 접근법을 버리고 있다. 이제 그들은 성을 삶이나 신앙생활과 뗄 수 없는 주제로 직시하고서 보다 성숙하고도 성경적인 토론으로 나아가고 있다.

일중독에 빠지다

우리는 세상의 일 철학에 대해서도 똑같은 실수를 되풀이하고 있는 듯해 심히 걱정스럽다. 요즘 세대는 철저히 일에 중독되어 있다. 청년 세대는 취업난과 실업난, 저임금, 막대한 학자금 대출의 늪에서 허덕이면서도 출세해서 돈과 명예를 손에 넣을 날을 꿈꾼다. 또한 많은 청년이 커리어에 집중하기 위해 이전 세대보다 결혼 시기를 늦추고 있다. 이는 많은 젊은이들이 가족이나 신앙보다 일에서 자신의 정체성을 찾고 있다는 뜻이다.

청년 세대는 사람의 가치가 성과에 따라 결정되며 일의 주된 목적이 공익이 아닌 자기만족에 있다는 세상의 메시지를 여과 없이 흡수하고 있다. 다시 말해, 부모 세대에 성 혁명을 일으켰던 가치들이 이번에는 청년 세대의 일 철학을 형성하고 있고, 교회는 이에 대하여 침묵으로 일관하고 있다.

일을 경시하거나 일을 우상화하는 세상을 비난하는 것은 답이 아니다. 대신 우리는 일을 우상으로 변질시키는 세상의 흐름을 거부하고 하나님이 처음 창조하신 일의 선한 본모습을 되찾는 중대한 과제 앞에 놓여 있다. 우리는 일에 대한 본래의 비전을 구속해야 한다. 하지만 "신념을 갖고 미친 듯이 열심히 일하는 사람들"로 가득한 세상에서는 그러기가 쉽지 않다. 성에 대한 본래의 비전을 구속하려면 욕구와 절제를 모두 인정해야 하는 것처럼, 일에 관한 본래의 비전을 구속하려면 노동과 쉼을 모두 인정해야 한다.

몇 년 전 캘리포니아 남부를 방문했을 때 동생 내외가 콘서트를 보여 준다며 나를 할리우드 볼(Hollywood Bowl) 음악당으로 데려갔다. 야외 원형극장 뒤편으로 뉘엿뉘엿 해가 지자 오케스트라 단원들이 삼삼오오 나와 착석하기 시작했다. 단원들이 악기를 조율하는 소리는 혼란스럽고도 귀에 거슬렸다. 마침내 지휘자가 나타났다. 그는 시끄러운 오케스트라를 향해 조용히 팔을 올렸다. 순간, 침묵이 찾아왔다. 잠시 적막

감과 기대감이 가득 찬 침묵의 시간이 지난 뒤, 지휘자의 팔이 움직이고 음악이 시작되었다.

단원들이 악기를 조율할 때 나는 소리는 음악이 아니라 그냥 소리였다. 작곡가 클로드 드비쉬(Claude Debussy)는 "음악은 음표들 사이의 침묵이다"라는 말을 했다. 영혼을 울리고 정신을 고취시키는 멜로디를 만들어 내는 것은 소리와 침묵의 질서정연한 리듬이다. 침묵이 없으면 음악은 없고 소음만 있을 뿐이다.

마찬가지로, 일을 구속하기 위해서도 일과 쉼의 질서정연한 리듬이 필요하다. 주기적인 쉼의 시간이 없으면 우리의 일은 의미와 가치를 잃고 혼란스러운 고역으로 전락한다. 우리는 세상이 하루 여섯 시간 노동과 연간 8주의 유급 휴가를 법으로 정한다고 조롱하지만 쉬지 않고 일해서 돈을 많이 번다고 반드시 행복해지는 것은 아니다. 우리 사회는 미친 듯이 성과를 향해 달려가다가 일과 쉼의 리듬을 잃어버리고 말았다. 성만큼이나 일에 집착하게 되었다. 하지만 '많은 것'이 무조건 '좋은 것'은 아니다. 뭐든 지나치면 오히려 독이 된다. 음악은 거의 들리지 않고 사방에 소음만 가득한 세상이 되어 버린다.

일과 쉼의 질서정연한 리듬을 만들다

가장 먼저 생각나는 사례는 안식일의 상실이다. 성경에서 명령한 대로 쉼의 날을 갖는 것은 점점 커져만 가는 소비 경제의 요구에 맞지 않는다. 이제는 크리스천들도 안식일을 구시대의 유물 정도로 취급하고 있다. 하지만 매주 하루를 쉬는 것은 단순히 기운을 회복하기 위한 방편이 아니다. 안식일은 시급한 요구들로부터 한 걸음 뒤로 물러나 삶을 전반적으로 돌아보고 노동의 열매를 음미하며 일을 하나님의 일이라는 더 큰 배경 속에서 보는 기회가 된다. 다시 말해, 안식일은 일을 격하시키는 것이 아니라 우리가 일의 진정한 가치를 볼 수 있도록 일을 올바로 정립하고 정의해 준다. 안식일은 우주의 지휘자께서 팔을 들어 시끄러운 오케스트라를 조용히 시키는 시간이다. 그럴 때 진정으로 아름다운 뭔가가 탄생할 수 있다.

보다 미묘한 측면들에서도 일과 쉼의 리듬은 심하게 깨져 있다. 예를 들어, 모바일 기술로 인해 우리의 몸은 사무실을 나와도 우리의 정신은 여전히 사무실에 있다. 연구에 따르면 현대인의 84퍼센트는 아침에 침대에서 나오기도 전에 휴대폰을 확인한다고 한다.[3] 한밤중에도, 밥을 먹다가도, 심지어 예배 시간에도 전자 메일을 확인하고 답장하는 사람이 적지 않다.

어떤 이들은 멀티태스킹이란 표현을 쓰고, 어떤 이들은 첨단 기술 덕분에 언제 어디서나 일할 수 있게 되어서 좋다고 말한다. 하지만 사실은 언제 어디서나 일할 수 있게 된 것이 아니라 24시간 내내 일할 수밖에 없게 된 것이다. 스탠퍼드 대학의 심리학 교수 클리퍼드 나스(Clifford Nass)는 멀티태스킹이 착각일 뿐이라고 말한다. 그런 식으로는 시간이 절약되기는커녕 더 많이 소요된다는 것이다.[4] 나스는 지속적인 포르노 소비가 진정한 친밀함을 경험할 능력을 망가뜨리는 것처럼 종일 디지털 기술에 빠져 살면 집중력과 창의력이 개발되기는커녕 오히려 망가진다고 말한다. 여러 가지 일을 한꺼번에 하려다가 이도저도 제대로 못하는 상황이 벌어진다. 나스의 처방은 쉼과 반성에 더 많은 시간을 투자하라는 것이다.

나는 고역의 소음을 일의 음악으로 바꾸려면 매주, 매일 쉼의 리듬이 필요하다는 사실을 배웠다. 나름대로 휴대폰 사용 시간을 정하고 하루 중에 주기적으로 삶의 멈춤 버튼을 눌러 기도와 성경 읽기에 전념하며 안식일을 철저히 지켰더니 일을 등한시하기는커녕 오히려 일의 가치를 전에 없이 알게 되었다.

소명의 신학을 거부하다

현대인들은 뭐든 적당히를 잘 못한다. 우리는 툭하면 자유를 방종과 혼동한다. 자유를 제약이 전혀 없는 상태로 착각한다. 성에 대한 우리 문화의 태도가 바로 이와 같다. 지난 세대들은 적절한 성 행위와 남녀의 적절한 복장, 이혼 사유를 규정하는 법을 통과시켰다. 하지만 그런 법이 이제는 구시대적이고 심지어는 차별적인 골동품 취급을 받고 있다.

이런 시각은 누구에게나 원하는 대로 살아갈 자유가 있다는 자율적인 개인이라는 관념에서 비롯했다. 이 관념에 따르면, 정부나 사회, 하나님, 심지어 생물학까지 자기 밖에 있는 어떤 것도 개인의 욕구를 침해해서는 안 된다. 자신을 이런 식으로 이해하는 경향은 우리 문화의 성 가치에 극적인 변화를 가져왔을 뿐 아니라 일 철학에도 근본적인 영향을 미쳤다.

이제 우리는 우리가 세상 속에서 하는 일이 개인적인 포부의 문제라고 생각한다. "커서 뭐가 되고 싶니?" 우리가 아이들에게 흔히 던지는 이 질문은 그 자체로는 전혀 해롭지 않다. 하지만 그 이면에는 하나님이 개입하실 여지를 조금도 두지 않는 자율의 우상이 도사리고 있다. 이제 우리는 남이 우리의 일을 정해 주는 것을 절대 원치 않는다. 가족과 지역 사회는 물론이고 하나님조차도 일에 관한 개인적인 포부를 침해할 수 없다고 생각한다. 이제 우리는 소명의 신학을 거부한다.

종교개혁 이전에는 '부르다'를 뜻하는 라틴어 '보카레'(vocare)에서 온 '소명'(vocation)이란 단어가 성직에만 적용된다고 생각했다. 하지만 루터와 칼뱅 등은 성경을 근거로 소명에 대한 이런 제한적인 관념을 거부했다. 대신 그들은 하나님이 모든 크리스천을 각자의 일로 부르신다고 주장했다. 첫째, 종교 개혁자들은 우리 모두가 그리스도와의 연합으로 부름을 받았다고 말했다. 둘째, 모든 크리스천은 성경에 계시된 공통된 소명들을 감당하도록 부름을 받았다. 셋째, 각 사람은 세상 속에서 선하고도 하나님께 영광이 되는 특정한 일로 부름을 받았다. 이렇듯 우리 모두에게는 소명이 있다.

하지만 우리의 소명을 어떻게 발견해야 할까? 하나님이 우리를 어떤 일로 부르고 계시는지 어떻게 알 수 있는가? 성경을 읽기만 하면 알 수 있는 공통된 소명들과 달리, 특정한 장과 절을 펴서 나의 특정한 소명을 발견할 수는 없다. 자신만의 소명을 분별하려면 성령과의 성숙한 교제가 필수다. 다시 말해, 소명의 신학은 기도의 실천신학을 기초로 한다. 잠시 일을 손에서 놓고 하나님과 깊이 교제하는 법을 배우지 않으면 결코 그분의 부름을 들을 수 없다.

예수님이 하늘 아버지와 교제하신 모습에서 이런 패턴을 볼 수 있다. 공생애의 시작과 제자 선별, 십자가로 가는 길은 모두 사역을 멈추고 오로지 아버지의 부름을 분별하는 데 집중하는 기도 시간으로 시작되었다.

나는 대학생들을 자주 만나는데 대학 시절은 어느 때보다도 소명에 관심이 많을 시기다. "평생 뭘 해야 할지 어떻게 알 수 있나요?" 졸업이 가까울수록 학생들은 더욱 초조해져서 그렇게 묻는다. 그러면 나는 항상 이렇게 되묻는다. "하나님과의 교제가 잘 이루어지고 있나요?"

그러면 대부분이 어리둥절한 표정을 짓는다. 성경을 더 열심히 공부하라거나 평가 도구를 사용해서 자신의 재능을 발견하라거나 세상에 무엇이 절실하게 필요한지를 둘러보라는 대답을 예상한 탓이다. 그런 방법이 나쁘다는 말은 아니다. 그런 방법도 필요하고 유용하다. 다만 학생들이 받기보다는 취하려는 세상의 흐름에 물든 것 같아 안타깝기 그지없다. 하나님과의 친밀한 교제를 통해 그분의 부름을 분별하지 않으면 자율적인 자아로 회귀할 수밖에 없다. 스스로 자신의 일을 결정해야 한다는 그릇된 생각에 빠질 수밖에 없다. "하나님이 나를 무슨 일로 부르시는가?"라고 묻지 않고 "내가 무엇을 하고 싶은가?"라고 묻게 된다. 후자는 개인적인 취향이나 자기인식에 초점을 맞춘 질문이고, 전자는 기도와 자기 포기에 초점을 맞춘 질문이다.

노동을 멈추면 소명을 발견할 여유가 생긴다

사역의 소명을 포함해서 내 인생에 가장 중요한 소명의 대부분은 혼자서 조용히 기도하고 묵상하던 중에 발견했다. 나중에 교회 안의 다른 사람들을 통해 이런 소명에 대해 더욱 확신하게 되었지만 소명 자체는 언제나 기도와 묵상 중에 찾아왔다. 헨리 나우웬(Henri Nouwen)은 자기 안의 소음을 피하기 위해 바쁘게 사는 사람이 많다는 점을 지적했다. "당신의 내적 삶은 원숭이들이 가득 붙어 오르내리는 바나나 나무와도 같다."[5]

쉼은 우리 안의 원숭이들을 인정하고 길들일 수밖에 없는 상황을 만들어 준다. 그때 비로소 우리는 하나님의 소명을 들을 수 있고, 분명한 소명의식을 갖고 외부 세상에 참여할 수 있다. 한마디로 일의 열매는 우리 밖에서 얼마나 많은 일을 이루느냐가 아니라 우리 안의 성령께 얼마나 단단히 연결되어 있느냐에 따라 결정된다.

일중독에 빠진 세상 속에서 일에 관한 구속된 비전을 얻으려면 하나님의 소명을 분별하기 위한 쉼의 리듬을 만들어야 한다. 그렇다면 우리는 이런 건강한 패턴을 회복하는 일에서 교회의 역할이 무엇은지를 물어야만 한다. 그리스도는 사역자들을 양을 치는 목자로 부르셨다. 이런 비유에는 당연히 그리스도의 양 떼를 먹이고 이끌고 보호하는 역할이 포함된다. 하지만 우리는 양 떼에게 쉼을 제공하는 역할을 간과하곤 한다. 예를 들어, 시편 23편에서 다윗은 자신의 목자를 이렇게 묘사했다. "그가 나를 푸른 풀밭에 누이시며 … 내 영혼을 소생시키시고."

몇 년 전에 전임사역을 그만두면서 일기장을 통해 나의 지난날을 추적해 보았다. 그때 전혀 생각지도 못했던 사실 하나를 발견하게 되었다. 일, 가족, 집과 마당 관리, 운동을 위한 시간을 빼고 보니 순수하게 나에게 쓸 수 있는 시간은 24시간 중 약 12퍼센트였다. 이 12퍼센트의 시간으로 책을 읽고 노숙자 쉼터에서 봉사하고 낮잠을 잘 수 있었다. 그런데 교회는 나의 소중한 이 12퍼센트까지도 호시탐탐 노렸다.

주일 아침 내가 교회에 들어서는 순간부터 노골적인 공격은 아니지만 사방으로부터 내 12퍼센트에 대한 은근한 위협을 느꼈다. 자원봉사자를 찾는 주일학교, 코앞에 다가온 선교사 환영 만찬회, 새로운 지역 초등학교 보조 교사 지원 프로그램, 찬양과 설교 사이의 공백 등 주일 아침 예배 시간은 광고로 도배되어 있었다. 때로는 설교 시간에도 불쑥불쑥 광고가 튀어나왔다.

> **IMMEASURABLE**
> 일중독에 빠진 세상 속에서 일에 관한 구속된 비전을 얻으려면 하나님의 소명을 분별하기 위한 쉼의 리듬을 만들어야 한다. 노동을 멈추면 하나님의 소명을 분별할 수 있는 여유가 생긴다.

물론 이런 섬김의 기회를 잡을 것인지 말 것인지는 어디까지나 자유였다. 그리고 리더들이 교회 안에서 추진하는 중요한 사역을 교인들에게 알리는 것을 뭐라고 할 수는 없다. 나도 오랫동안 설교를 하면서 똑같이 좋은 의도로 은근히 참여를 종용하곤 했다. 하지만 설교단이 아닌 자리에 앉고 보니 그런 압박이 보통 피곤한 것이 아니었다. 결국 몇 달 만에 완전히 지치고 말았다. 일주일 내내 피곤하게 일하고 나서 쉼을 기대하며 예배에 왔는데 내 삶에 음악이 아닌 소음만 더해져서 돌아가기가 일쑤였다.

그 일로 내가 사역 팀에 있을 때 어떻게 했는지를 솔직히 돌아보게 되었다. 내가 맡은 양 떼를 어떻게 이끌었는가? 내가 쉼을 제공한 목자였는가? 일에 찌든 세상에서 내가 일과 쉼의 조화로운 리듬을 만들어 내는 데 도움을 주었는가? 아니면 성과의 우상화와 소음의 불협화음만 더해 주었는가?

아무래도 교회 안까지 파고든 이 시대의 일중독이 교인 숫자 감소에 한 몫을 하는 것으로 보인다. 교회에 다니다가 그만둔 사람들과 이야기를 나눌수록 그런 확신이 강해진다. 물론 우리가 교회 안에서 권하는 일은 선하고도 거룩하며 중요한 일이다. 하지만 우리가 직업적인 삶 속에서 일과 쉼, 활동과 침묵의 구속적인 패턴을 얻는 법을 알려 주고 교회 삶 속에서 건강한 쉼의 리듬을 제공해 주지 않으면 결국 양 떼는 누울 수 있는 초장을 찾아 떠나갈 것이다. 하다못해 주일 아침에 텔레비전 앞의 소파 위에라도 누울 것이다.

1974년 윌리엄 포그(William Pogue) 대령은 우주에서 파업을 벌인 최초의 미국인이 되었다. 대령은 우주 정거장에서 마지막이자 가장 긴 유인 임무를 수행한 팀의 일원이었다. 84일간의 임무가 반쯤 끝났을 때 포그 대령을 비롯한 우주 비행사들은 지상 통제 센터에 휴식 시간을 늘려달라고 요청을 했다. "지금까지 일정이 너무 빡빡했다. 하루 종일 강행군을 했다. 일은 피곤하고 지루했다. 하지만 경관은 환상적이었다."[6]

하지만 지상 통제 센터는 그 요청을 들어주지 않았다. 그 일이 너무 중요한데 시간이 많지 않다는 것이 이유였다. 몇몇 센터 관계자들은 혹시 팀원들이 우울증이나 육체적 질병에 걸린 것은 아닌지 걱정했다. 하지만 대령은 둘 다 아니며 단지 창밖을 보며 사색할 시간이 더 필요할 뿐이라고 대답했다.

팀원들과 지상 통제 센터의 갈등은 점점 심해져 급기야 파업 사태까지 벌어지고 말았다. 다행히 남은 6주간 휴식 시간을 늘리기로 타협이 이루어졌다. 나중에 포그 대령은 창밖의 태양과 지구를 바라볼 시간이 많아지면서 자신과 동료들을 "기계처럼 움직이려고 하기보다는 (그들의) 인간 상황"에 관해서도 더 많이 생각하게 되었다고 회고했다.

주일은 일을 그만두고 창문 밖을 내다보며 우주적 관점에서 우리의 삶과 소명을 돌아볼 시간이 아닌가? 찬양과 예배, 설교의 목적은 세상의 혼란 한복판에도 변함없이 가득한 하나님 나라의 경이를 보여 주고 교인들이 그렇게 새로워진 목적의식으로 월요일의 삶 속으로 다시 들어가도록 준비시키는 것이 아닌가? 주일의 목표가 어떻게 해서 양 떼를 먹이는 것에서 양 떼를 영입하는 것으로 바뀌었는가?

 일을 바라보는 세상의 관점이 망가져 있다는 사실에는 의심의 여지가 없다. 그 광고의 메시지처럼 우리는 "미친 듯이 열심히 일하는 사람들"이다. 하지만 교회가 매일, 매주, 매년 쉼의 본을 보여 주면 충분히 일을 구속할 수 있다. 노동을 멈추면 하나님의 소명을 분별할 수 있는 여유가 생긴다. 그러면 새로운 열정으로 다시 일에 매진할 수 있다. 쉼은 우리의 일에 질서와 효율성도 더해 준다. 뿐만 아니라 우리의 삶을 훨씬 조화롭게 만들어 준다. 나아가, 주일마다 양 떼에게 하늘의 시각으로 세상을 보는 법을 알려 주면 양 떼만이 아니라 우리도 기계가 아니라는 사실을 다시금 기억할 수 있다.

08

관계

**친밀함은 신뢰가 싹트고 자라는
기름진 토양이다**

스테이시(Stacy)를 인정하지 않을 수가 없다. 사역자에게 직접 설교의 문제점을 지적하려면 큰 용기가 필요하다. 보통 사람들은 뒤에서 수군거리지만 스테이시는 고맙게도 스스로 좁은 길을 선택했다.

스테이시는 내가 주일 설교 때 좋은 저자의 글이라며 인용한 문장 때문에 마음이 단단히 상해 있었다. "그 저자는 이머징교회(emerging church)에 다니고 있어요. 그런데 이머징교회는 이단이잖아요."

나는 흥분한 스테이시를 자리에 앉히며 차분한 목소리로 물었다. "제가 인용한 글의 내용이 마음에 들지 않으신 거죠?"

"그건 아니고요. 단지 그 저자가 이단이라서 화가 난 거예요."

"자매님, 확실히 말씀드릴게요. 그 저자는 이머징교회에 다니지 않아요. 그리고 이머징교회라는 말은 원래 기독교 출판사의 마케팅 전문가들이 젊은 사역자들에게 책을 팔려고 만들어 낸 말이에요. '이머징교회'는 특정한 신학적 성향이 아니에요. 게다가 설령 제가 인용한 글의 저자가 이머징교회에 다닌다고 해도 이머징교회에 다니면 무조건 이단이 되는 건 아니에요."

그러자 스테이시가 기다렸다는 듯이 반박했다. "그렇지 않아요. 이단 맞아요. 척 콜슨(Chuck Colson) 목사님이 그렇게 말했어요. 콜슨 목사님은 라디오 프로그램을 진행하는 분이에요."

"하지만 스카이 목사님 당신은 라디오 프로그램을 진행하지 않잖아요"라는 말이 그녀의 입 밖으로 나오지는 않았지만 어조는 분명 그렇게 말하고 있었다. 그녀가 척 콜슨의 의도를 오해했으리라 짐작했지만 굳이 따지지 않았고, 내가 인용한 글의 저자를 옹호하는 발언도 하지 않았다. 어차피 내가 진 싸움이었다. 그녀의 세상에서 나는 콜슨의 상대가 되지 않기 때문이다.

스테이시의 삶과 신앙생활 속에서는 내 말보다 척 콜슨의 말이 훨씬 더 권위가 있었다. 내가 그녀에 대해 지닌 권위는 수년간 같은 교회에서 지냈고 나름대로 설교가 괜찮았으며 교단의 철저한 검증이 보증해 준다는 사실에서 비롯했다. 하지만 그래봐야 그녀가 척 콜슨의 라디오를 처음 듣는 순간에 솟아난 태산과 같은 권위에는 상대가 되질 않았다.

플랫폼과 사역은 무슨 관계인가?

마케팅 전문 용어로 이것을 '플랫폼'이라 부른다. 논리는 간단하다. 플랫폼의 크기가 권위의 무게를 결정한다는 것이다.

백만 명의 청중을 거느린 사람은 겨우 백 명의 청중을 유지하는 사람보다 권위가 더 크다. 우리는 플랫폼이 클수록 능력이나 지성, 인격의 크기도 크다고 가정한다(가정이라는 점이 문제다). 예전에는 대체로 권위가 증명된 사람에게 큰 플랫폼이 주어졌다. 그런데 요즘은 반대로, 플랫폼을 키울 능력이 증명된 사람에게 권위가 주어진다.

> **IMMEASURABLE**
> 인기 중심의 권위에 대한 해독제는 가까이에서 묵묵히 돌봐 주는 사역의 조용한 힘이다.

오프라 윈프리(Oprah Winfrey)를 생각해 보라. 미디어 사업에 관해서는 윈프리의 능력을 누구도 의심할 수 없다. 하지만 과연 토크쇼의 여왕이 디지털 카메라에 대해서도 그만큼 정통할까? 그런데도 윈프리가 '오프라가 가장 좋아하는 것들'(Oprah's Favorite Things)이란 프로그램에서 새로운 니콘 카메라를 소개하자 그 제품이 불티나게 팔리기 시작했다. 왜일까? 플랫폼 때문이다. 수백만 명이 오프라의 프로그램을 시청한다. 따라서 그녀는 무조건 옳다. 심지어 디지털 카메라에 관해서도 그녀의 말은 곧 진리다.

이런 플랫폼 원칙이 사역과 무슨 관계가 있을까? 권위는 근접성을 통해 가장 잘 형성된다. 즉, 친밀하고도 개인적인 접촉은 신뢰가 싹트고 자라는 가장 기름진 토양이다. 가정이 이런 식으로 이루어진다. 한 남자와 한 여자가 오랫동안 딱 붙어서 지내다보면(=데이트) 서로에게 일생을 맡길 만큼의 신뢰가 싹튼다(=결혼). 이런 측면에서 바울은 디모데에게 오랫동안 충성된 모습을 보여 모두에게 존경받는 사람들을 리너로 뽑으라고 조언했다(딤전 3:1-7). 누군가에게 권위를 부여할 때는 그 사람을 잘 알고서 그렇게 해야 한다.

하지만 근접성(실제로 아는 사이)이 아니라 인기에 따라 권위를 부여할 수도 있다. 꾸준히 믿을 만하게 행동했는지를 보지 않고 단순히 플랫폼의 크기를 보고 누군가를 우리 삶의 권위자로 삼을 수 있다. "내가 오프라 윈프리를 개인적으로 알지는 못하지만 수백만 명이 다 틀릴 수는 없잖아." 그렇게 맹목적으로 권위를 부여할 수 있다.

안타깝게도 의미 있는 관계를 맺고 유지하기가 힘든 세상이 되다보니 근접성이 아닌 인기에 근거한 권위가 부상하고 있다. 설상가상으로 그런 흐름이 교회 안까지 깊이 침투했다. 하지만 큰 교회의 사역자이거나 수백만 부를 판 베스트셀러 저자라고 해서 무조건 그를 우리의 삶과 신앙생활의 권위자로 삼는 것은 위험한 행동이다. 수많은 연예인과 정치인, 교회 리더들이 증명해 보였듯이 큰 플랫폼을 구축하고도 그것을 올바로 사용할 만한 인격이나 능력이 부족할 수 있다.

그런데도 여전히 우리는 트위터 팔로워나 페이스북 친구, 출석 교인, 팟 캐스트 가입자를 많이 모으기만 하면 우리의 가치를 증명하고 더 많은 권위를 얻을 수 있다는 착각에 빠져 있다. 하긴, 권위를 얻을 수 있을지도 모르겠다. 하지만 그것은 메시지의 진실성이나 인격의 크기, 영혼의 무게가 아닌 플랫폼의 크기에서 비롯한 피상적인 권위에 불과하다. 그런 권위를 좇다가는 하나님이 우리에게 맡기신 양 떼와 친밀한 시간을 보낼 때 찾아오는 진정으로 단단하고 성경적인 권위를 놓칠 수밖에 없다.

이것이 내가 스테이시와의 관계에서 놓친 부분이다. 내가 그녀나 그녀의 가족들과 개인적으로 접촉한 시간은 손에 꼽을 정도였다. 내가 그녀의 삶 속에서 권위를 얻을 만큼 가까이 다가가지 못했기 때문에 인기가 그 틈을 파고 들었던 것이다. 해법은 이제는 고인이 된 척 콜슨 만큼 큰 플랫폼을 추구하는 것이 아니다. 나도 그에 못지않다는 점을 증명하기 위해 열심히 라디오에 출연하고 더 많은 책을 팔려고 애쓰는 것은 답이 아니다. 인기 중심의 권위에 대한 해독제는 가까이에서 묵묵히 돌봐 주는 사역의 조용한 힘이다.

09

영혼의 양식

좋은 친구를 고르듯
신중하라

"주로 무슨 책을 읽습니까?"

책벌레 사역자들 사이에서 흔히 들을 수 있는 질문이다. 가끔은 "주로 누구의 책을 읽습니까?"라고 묻기도 한다. 그런데 이 질문이 개가 서로의 엉덩이에 코를 대고 킁킁거리는 것처럼 느껴질 때가 있다. 즉, 서로의 신학적 냄새를 맡아 친구인지 적인지를 파악하려는 의도일 수 있다.

하지만 대개 "누구의 책을 읽습니까?"라는 질문에는 별다른 악의가 없다. 단지 영혼을 살찌우거나 사역 기술을 다듬는 데 도움이 될 만한 책을 찾는 것일 뿐이다. 그런데 그런 질문이 날아올 때 내 대답은 항상 질문자를 당황하게 만든다. "나는 죽은 사람의 책을 읽습니다."

무슨 뜻인지 궁금한가? 예전에 기독교 잡지사에서 편집자로 일할 때 매주 출판사들에서 보내 준 십여 권의 책을 읽었다. 출판사들은 내가 좋은 서평을 써 주길 기대하며 책을 보내 왔다. 간혹 정말 훌륭한 새 책들이 책상 위에 오래 머물기도 했지만 대부분은 곧바로 기억 속에서 사라지거나 쓰레기통으로 직행했다. (나도 안다. 지금 이 순간 나도 쓰레기통으로 직행할 책을 쓰고 있다는 것을) 수년간 새 책의 끝없는 행렬에 시달린 끝에 새로운 책에서 시대를 초월한 책으로 관심을 돌리기로 결심했다.

"나는 죽은 사람의 책을 읽어요!"

나는 저자가 세상을 떠난 지 꽤 되었는데도 여전히 출간되고 널리 읽히는 책이라면 읽을 가치가 있다는 사실을 발견했다. 솔직히, 요즘 기독교 저자의 책 중에서 24년은 고사하고 24개월 뒤까지도 읽히는 책은 손에 꼽힌다. 나는 유행을 타는 요즘 스타 사역자들의 책만이 아니라 정말로 유익한 책에 내 독서 시간을 사용하고 싶다. 그렇다고 해서 내가 살아 있는 저자의 책을 절대 읽지 않는다는 뜻은 아니다. 물론 그런 책도 읽는다. 하지만 죽지 않았더라도 죽음에 아주 가까이 이른 저자의 책을 선호한다. 죽음을 목전에 둔 저자는 억지로 눈물을 짜내거나 단순히 사역 기술을 나열한 글에 이 땅에서의 남은 시간을 허비하지 않기 때문이다.

"죽은 사람의 글을 읽으라." 이 원칙의 가치는 빌 하이벨스가 USC대학의 총장이자 *The Contrarian's Guide to Leadership*(반대자의 리더십 가이드)란 책의 저자인 스티브 샘플(Steve Sample)을 인터뷰했을 때 분명히 확인되었다. 책이란 책은 가리지 않고 읽는 다독가인 하이벨스는 많이가 아니라 오히려 적게 읽으라는 샘플의 말에 신선한 충격을 받았다. 두 사람의 대화 중 일부를 다음과 같이 발췌해 보았다.

하이벨스 이 책의 한 대목을 읽고 오랜만에 시원하게 한번

웃었습니다. 리더들에게 이런 것을 읽으라고 하는 말은 처음 들었어요. 자, 교수님의 이론을 말씀해 주시지요.

샘플 제 이론은 이렇습니다. 우리가 무엇을 읽느냐는 우리가 어떤 사람이 되느냐에 생각보다 훨씬 더 큰 영향을 미칩니다. 아마 우리가 읽은 책 한 권이 이후에 읽게 될 수많은 책을 결정한다고 말한 사람은 소로(Thoreau)일 거예요. 따라서 무엇을 읽을지 정말 신중하게 결정해야 합니다.

리더에게 가장 덜 중요한 책은 신문이나 전문지 같은 것이에요. 토머스 제퍼슨(Thomas Jefferson)은 "아무것도 읽지 않는 사람이 신문 외에는 읽지 않는 사람보다 아는 게 더 많다"라고 말씀하셨죠.

저는 기껏해야 10분 정도 시간을 내서 〈로스앤젤레스 타임스〉와 〈월스트리트 저널〉을 훑어봅니다. 그 정도면 충분해요. 나머지 20분은 실질적으로 가치 있는 글을 읽지요.

하이벨스 오랫동안 리더들에게 리더십에 관한 글은 전부 읽으라고 강조했습니다. 그런데 교수님의 조언은 한 걸음은 더 나아가는군요. 리더십에 관해 '슈퍼텍스트'를 읽으라고 하셨는데 무슨 뜻이죠?

샘플 인류가 4백 년 전에 쓴 수많은 텍스트 가운데 오늘날 약 25개에서 50개의 텍스트만 널리 읽히고 있습니다. 그렇다면 이 25개에서 50개의 텍스트에는 뭔가 매우 특별한 것이 있는 것이지요. 이것들은 우리 사회에서 사람들이 쓰고 말하는 모든 것에 유례없이 큰 영향을 미치고 있습니다.

슈퍼텍스트라면 뭐든 두고두고 읽어도 유익합니다. 왜냐하면 그 텍스트들은 당신이 읽을 수 있는 어떤 텍스트보다도 인간 본성에 관해 많은 것을 알려 줄 수 있기 때문입니다. 하지만 슈퍼텍스트가 아닌 책에 대해서는 아주, 아주 선택적으로 읽어야 한다고 생각합니다.

아멘! 내가 좋아하는 슈퍼텍스트와 죽은 사람들을 좀 소개해도 되겠는가? 일단 왠지 C. S. 루이스는 빼먹으면 안 될 것 같다. 하지만 관상적인 독서와 영적 형성의 영역에서는 토머스 켈리(Thomas Kelly), 헨리 나우웬, 아빌라의 테레사(Teresa of Avila), 로렌스 형제, A. W. 토저, 토머스 아 켐피스(Thomas Kempis)를 추천하고 싶다. 어떤 신학적 입장을 가진 독자가 읽더라도 칼뱅과 바르트(Barth), 어거스틴(Augustine)의 책보다 더 좋은 신학 책은 찾기 힘들다. 또한 사역자라면 유진 피터슨(Eugene Peterson-아직 죽지 않은 부류)과 달라스 윌라드(최근에 떠난 부류)의 책을 꼭 읽어야 한다.

마치 친구를 고르듯, 신중하게

우리의 삶과 사역의 방향에 미치는 책의 영향력을 과소평가해서는 안 된다. 대학교에 갓 입학했을 때 철학과의 한 조교에게서 나의 신앙관을 철저히 바꿔 놓은 책 한 권을 받았다. 나는 유수한 주립대학에서 수학하고 있었는데 당시 나의 어린 신앙은 이성과 변증, 철학에만 온통 사로잡혀 있었다. 나의 노력을 눈여겨본 조교는 나를 초보 신자(철학과에서는 절대

희귀종)로 추정하고서 이성과 증거에
만 치우친 내 기형적인 신앙을 좌시
할 수만은 없다고 판단했던 게 분명
하다. 그는 내게 헨리 나우웬의 소책

> **IMMEASURABLE**
> 5년 뒤에 당신이 읽은 책들과 만난 사람들만큼만 달라져 있을 것이다.

자를 건넸다. 네덜란드의 사제였던 나우웬을 통해 이전에는 전혀 보지 못했던 신앙의 새로운 측면을 보기 시작했다. 그것을 보기 위해서는 단순히 교리적 지식만이 아니라 깊은 자기인식이 필요했다.

지난 25년간 나우웬은 내 인생의 변함없는 동반자였다. 그의 저작들은 내 신앙에 큰 도움을 주고 나의 일에 절대적인 영향을 미쳤다. 하지만 그가 유럽인에 로마 가톨릭교도였다는 점과 학문적 방향으로 인해 십대 시절 나의 복음주의 공동체에서는 그의 책들을 자연스럽게 접할 수 없었다. 그의 지혜는 내가 사역 초기에 수많은 함정을 피할 수 있게 도와주었고, 대학교와 신학대학원에서 공부하는 내내 교회 주식회사의 강력한 중력을 상쇄시켜 주었다. 내가 지금과 같은 크리스천이 될 수 있었던 것은 헨리 나우웬을 비롯해서 많은 사람들의 훌륭한 책 덕분이다.

찰리 트리멘더스(엄청난) 존스(리더십 및 자기개발 전문가로서 사람들에게 늘 "대단해요"라고 격려함으로써 이런 별명이 생겼다-편집자 주)는 이런 말을 즐겨 한다. "지금부터 5년 뒤에도 당신은 지금과 똑같은 사람이겠지만 딱 당신이 읽은 책들과 만난 사람들만큼만 달라질 것이다." 따라서 친구를 고르듯 책을 신중하게 고르라.

10

SNS 금식

육체의 욕심을 줄이면
하나님과 더 친밀해진다

오래 전 '쉘 위 댄스'(Shall We Dance)라는 (아내가 고른) 영화를 봤다. 영화의 한 장면에서 등장인물 중 한 명이 했던 독백이 지금도 기억이 난다. 그것은 결혼의 의미에 관해 다시 한 번 생각하게 만드는 인상 깊은 대사였다.

> 우리 삶을 지켜봐 줄 증인이 필요해. 지구상에는 수억 명의 사람이 있지. 그런데 나한테 정말로 중요한 사람이 한 명이라도 있어? 결혼은 서로에게 전부 신경 써 주겠다고 약속하는 거야. 좋은 것들도. 나쁜 것들도. 끔찍한 것들도. 일상적인 것들도. 전부. 항상. 매일. 한마디로 이렇게 말하는 거지. "이제 당신의 삶은 아무도 주목하는 삶이 아니야. 왜냐하면 이제 내가 당신을 주목할 거니까. 이제 당신의 삶은 아무도 보지 않는 삶이 아니야. 왜냐하면 이제 내가 당신의 증인이 될 거니까."

결정적 착각에서 벗어나야 한다

영화 속에서 이 대사는 배우자에게 자신이 원하는 삶의 동반을 의미하는 것이다. 하지만 이는 SNS가 요즘 사람들에게 그토록 매력적인 이유도 잘 설명해 주고 있다고 생각이 든다. 그토록 SNS에 매달리는 것은 자신의 삶에 대하여 타인이 주목하지 않는 것에서 오는 두려움 때문이다.

최근 한 컨퍼런스에서 강연자로 나선 사역자가 6만 명의 대학생들을 향해 이렇게 선언했다. "내가 유일하게 두려워하는 것은 하찮은 삶을 사는 것입니다."

많은 사람이 이런 두려움에 공감할 것이다. 하지만 과시하기 좋아하는 이 문화 속에서 우리는 남들이 알아 주는 삶이 바로 대단한 삶이라는 메시지를 들으며 자랐다. 이것이 유명인을 신격화하고 태아를 무시하는 현재의 사회 풍조를 설명해 준다. 유명인들은 단순히 수백만 명이 본다는 이유로 가치 있게 여겨지고, 아직 태어나지 않은 아기들은 단순히 아직 아무도 보지 않았다는 이유로 무가치하게 여겨진다. 우리 문화는 눈에서 멀어지면 마음에서도 멀어진다는 속담을 현실에 그대로 적용하고 있을 뿐이다.

수많은 사람이 인기라는 영생을 향해 달려가지만 대부분이 무명이라는 영원한 죽음에 더 가까운 삶을 살고 있다. 이런 괴리 속에서 갇힌 우리에게 SNS가 구세주처럼 나타났다. 페이스북 친구나 트위터 팔로워가 한 명씩 늘어날 때마다 우리의 삶을 주목해 주는 증인이 한 명씩 늘어나고, 그럴 때마다 자존감이 조금씩 높아진다. '리트윗'이나 '좋아요' 하나에 말

> **IMMEASURABLE**
> 하나님과의 은밀한 교제인 기도는 남들이 볼 수 없는 것이다. 기도 중에는 오직 하나님만 우리의 증인이며 유일한 보상이다.

할 수 없는 기쁨이 솟아난다. 왜냐하면 그것은 또 한 사람이 "너는 중요해. 내가 너의 삶을 주목하고 있어"라고 말해 주는 것이기 때문이다.

이런 관점에서 볼 때 트위터에 사역자들이 바글거리는 현상을 어떻게 해석해야 할까? 트위터가 사역자들에게 얼마나 인기가 있던지 트위터가 사역자 가입자들을 유치하는 일만 전담하는 관리자를 영입했을 정도다.

물론 SNS는 월요일부터 토요일까지 교인들과 소통하기 위한 방법 중 하나가 될 수 있다. 하지만 우리 사역자들의 진짜 관심이 다른 데 있다면? 혹시 우리가 더 많은 증인을 찾고 있는 것은 아닐까? 더 대단한 삶을 원하고 있는 것은 아닐까? 어쩌면 우리가 친밀함에 대한 영적 갈망을 엉뚱하게도 온라인에서 답을 찾고 있는 것은 아닐까?

사실, 가장 깊은 차원에서는 심지어 부부 안에서도 그 갈망을 채울 수 없다. 의미와 증인에 대한 갈증은 오직 하나님 안에서만 풀 수 있다. 시편 139편은 하나님이 인간으로서는 불가능한 수준에서 우리를 아신다고 말한다. 하나님은 우리 삶의 모든 측면을 보신다. 하나님은 우리의 모든 생각과 모든 순간, 심지어 아직 찾아오지 않은 순간까지도 보신다.

하나님의 눈을 피해갈 수 있는 생각이나 감정, 순간은 단 하나도 없다. 하나님이 보시지 않거나 기록하시지 않는 것은 단 하나도 없다. 하지만 많은 교회 리더들이 남들의 눈에 보이고 수량화할 수 있고 남들에게 자랑할 수 있는 삶의 측면들에 따라 자신의 가치가 결정된다는 착각에 빠져 있다. 어써년 나쁜 사람들보다 더힐지도 모른다. 얼마니 많은 교인이 왔는가? 얼마나 많은 사람들이 나를 따르는가? 얼마나 많은 사람이 나를 좋아하는가?

이런 것에 목을 매면 영혼이 피폐해진다. 실제로 이것이 요즘 기도하지 않는 사역자가 그토록 많은 이유가 아닐까 싶다. 하나님과의 은밀한 교제인 기도는 남들이 볼 수 없는 것이다. 기도 중에는 오직 하나님만 우리의 증인이며 유일한 보상이다.

쉬지 않고 트위터만 하지 말고 이제부터라도 바울의 권면대로 쉬지 말고 기도하는 법을 배우는 것이 어떨까? 토머스 켈리는 이런 삶에 관해 다음과 같이 말했다.

> 우리의 정신적 삶을 한 번에 한 차원 이상에서 정돈하는 방법이 있다. 먼저 한 차원에서는 외적인 일들의 모든 요구를 생각하고 논하고 보고 계산하고 충족시킨다. 하지만 깊은 차원에서, 이면에서, 심오한 차원에서는 기도와 흠모, 찬양과 예배, 하나님의 숨을 가만히 받아들이는 상태를 유지할 있다.[1]

오늘날의 세상은 오직 첫 번째 차원만을 중시하고 추구한다. 세상은 남들이 볼 수 있고 리트윗할 수 있는 것이 진성으로 중요한 것이라고 말한다. 세상은 남들이 주목하는 것이 가장 중요하다고 말한다. 하지만 켈리의 말을 새겨 듣자. "우리는 기도의 깊은 차원이 세상에서 가장 중요함을 알고 있다. 삶의 진정한 가치가 결정되는 것이 바로 이 깊은 차원에서다."

11

영적 건강

두려움을 직시하고 치유의 고통을
감내할 때 진정한 공감이 형성된다

내 아버지의 직업은 의사다. 어릴 적에 아버지는 내가 자라 의사가 되길 바라는 마음으로 의사란 직업의 경이로움을 보여 주는 이야기를 자주 하셨다. 예를 들어, 다른 의사들이 몇 수간 끙끙거리며 씨름했던 기상천외한 병을 아버지가 단빈에 해결했던 이야기 같은 것들이었다. 병의 원인은 놀랍게도 제2차 세계대전 중 남태평양에서 몸에 들어온 기생충 한 마리였다. "그 남자는 무려 50년 동안 배에 벌레를 품고 살았던 거야! 의학이 놀랍지?" 아버지는 만면에 득의양양한 미소를 띠며 말씀하셨다.

하지만 며칠 뒤 아버지는 집게손가락으로 나를 가리키며 잔뜩 풀이 죽은 목소리로 선언하셨다. "의사가 될 생각은 꿈에도 하지 마라. 종일 손가락으로 남들의 궁둥이를 찌르는 게 어디 사람이 할 짓이냐?"

내가 열여덟 살 때 아버지는 입장이 바뀌어 환자가 되었다. 병명은 암이었다. 생존 확률이 매우 높은 종류였다. 물론 조기에 발견되었을 때 말이다. 그런데 그 암의 조기 발견은 오직 수술을 통해서만 가능하단다.

나는 수술 전 대기실에서 아버지 옆에 앉아 있었다. 아버지가 자신 있게 환자의 방으로 성큼성큼 들어가거나 간호사실에서 마치 전장의 사령관처럼 지엄한 명령을 내리던 모습만 보다가 풀이 죽어 앉아 있는 모습을 보니 그렇게 생소할 수가 없었다. 토요일 아침 회진에 아버지를 따라다니며 당당한 모습만 봐 왔는데 그날의 아버지는 어깨를 잔뜩 움츠린 채 손을 떨며 말없이 앉아 있었다.

"그거 아니? 의사는 최악의 환자가 된단다."

"왜 그래요?"

"너무 많이 알아서야. 보통 사람들은 상상도 할 수 없는 수천 가지 최악의 시나리오를 너무도 잘 알고 있지."

다행히 암은 초기였고 아버지는 살아나셨다. 그런데 의사가 환자가 되어 보니 뭔가 중요하고도 엄청난 변화가 나타났다. 아버지는 의대에서 배우지 못했고 오랫동안 의술을 펼치면서도 얻지 못했던 아주 중요한 무언가를 얻었다.

그것은 바로 '공감' 능력이었다. 암은 아버지에게 공감 능력을 선물했다. 나는 건강의 위기를 겪은 후로 아버지에게서 환자를 향한 연민과 이해가 나날이 자라나는 것을 똑똑히 보았다. 의사가 최악의 환자가 될지는 모르지만 환자는 분명 최고의 의사가 될 수 있다.

최고의 사역자가 된 최악의 죄인

의술과 마찬가지로 사역은 지식과 기술을 모두 필요로 하는 소명이다. 우리 사역자들은 하나님의 말씀을 세상에 충실하게 전하기 위해 수년, 심지어 수십 년 동안 성경과 신학, 역사, 문화를 공부한 사람들이다. 우리는 조언과 본보기로 성도들을 그리스도와 함께하는 삶으로 인도하는 법도 배웠다. 그렇다보니 우리는 남들이 힘들거나 조언이 필요할 때 찾아가는 전문가가 되었다.

물론 우리도 힘든 사역을 하다가 회의에 빠질 때가 있다. 우리가 매일 교회 안에서 시행해야 하는 직장(直腸) 검사는 보통 고역이 아니다. 하지만 솔직히 말하면 사람들이 도움을 요청해 오면 그들 자신에게만 도움이 되는 것이 아니라 우리도 자부심을 느낄 수 있어서 좋다.

그런데 이 자부심이 자꾸만 자만심으로 돌변하니 문제다. 교회 안에서 그리고 머릿속에서 우리의 지위는 건강하지 못한 수준까지 올라갈 수 있다. 사역 성공의 열쇠가 항상 옳은 답을 갖고 우리의 지식과 기술을 향상시키는 데 있다는 생각도 문제다.

물론 자신이 알아야 남들에게 알려 줄 수 있기는 하다. 하지만 항상 전문가 입장에만 서려고 하다보면 아이러니하게도 오히려 최고의 사역자에게 필요한 덕목을 얻기 힘들다. 그 덕목이 바로 공감이다. 우리는 구세주 역할만 즐길 뿐 죄인 취급은 질색한다.

우리의 영혼에서 뭔가가 망가지거나 우리의 죄가 점점 만성화되는 것이 느껴져도 자신을 열어 검사대 위에 놓는다는 것은 생각하기 힘들다. 그것의 위험을 누구보다도 잘 알고 있기 때문이다. 우리는 눈물이 가득한 상담실에서 망가진 삶

IMMEASURABLE
최고의 사역자에게 필요한 덕목은 바로 공감이다. 사역자는 최악의 죄인이다. 더불어 죄인은 최고의 사역자가 된다.

의 주검을 똑똑히 보았다. 그래서 그런 굴욕을 선택하느니 그냥 암이 조용히 자라게 두는 편을 선택한다.

하지만 스스로를 낮추는 리더들을 위해 분명한 선물이 기다리고 있다. 자신의 두려움을 직시하고 치유의 고통을 감내하면 우리가 돌봐야 할 죄인들을 향한 공감을 얻을 수 있다.

월요일 아침에 사역자에게 자신의 억울함을 호소하기 위해 찾아오는 남자나 특정한 행동으로 예배를 방해하는 여자나 반복적으로 술을 입에 대는 중독자나 할 것 없이 모두에게 더 많은 공감을 발휘할 수 있다.

나는 '전문가'의 스포트라이트에서 벗어날 때 공감이 가장 많이 자란다는 중요한 사실을 발견했다. 우리는 가끔씩 자신의 설교를 멈추고 다른 사람의 가르침을 통해 영혼을 점검해 볼 시간이 필요하다.

또한 우리 영혼의 건강을 진심으로 걱정하는 신실한 사람들에게 정기검진을 부탁해도 좋다. 아울러 로욜라의 성 이냐시오(Sanctus Ignatius de Loyola)의 성찰 기도들도 자기 점검에 더없이 좋은 도구가 된다. 이 기도들은 바로 시편 139편의 정신으로 드리는 기도들이다.

"하나님이여,
나를 살피사
내 마음을 아시며

나를 시험하사

내 뜻을 아옵소서."

사역자는 최악의 죄인이다. 더불어 죄인은 최고의 사역자가 된다.

Part 2

영광스런 부르심을 회복하는 길

01

영적 전쟁

하나님의
전신갑주를 입으라

교회에 모이기를 좋아하는 것은 인간만이 아니다. 교회 건물과 주차장 사이의 작은 잔디는 캐나다 거위들을 끌어들인다. 캐나다 거위라는 이름이 생소하거나 녀석들의 제국주의적인 야망이 미치지 않는 축복받은 곳에서 살고 있는 당신을 위해 지금부터 그들에 대해 설명해 보겠다.

일단 캐나다 거위들은 사악하다. 녀석들은 외국 침입자들처럼 떼거지로 몰려와 골프장, 공원과 놀이터까지 동네의 여가 시설이란 시설은 죄다 점거한다. 처음에는 녀석들의 존재가 우리의 기분을 좋게 만든다. 특히, 거위 새끼들을 보면 동화 속 나라에 있는 것 같은 착각마저 불러일으킨다.

하지만 녀석들은 우아한 백조나 조신한 오리와는 전혀 다르다. 조금만 가까이 다가가면 날개를 활짝 펴고 고개를 낮추고서 반지의 제왕에 나오는 괴물처럼 기분 나쁜 소리를 낸다. 이 경고를 무시하면 놀라운 속도로 달려들어 공격한다. 고교 시절 인라인 스케이트를 타던 친구가 난폭한 거위에게 귀를 잃는 광경을 직접 목격했다. 멍한 검은 눈으로 피를 즐기는 캐나다 거위들은 땅 위의 백상아리들과 같다.

녀석들이 왜 우리 교회에 꼬이는 것일까? 정확한 이유는 모르겠다. 이유야 어쨌든 이 사악한 새들(알프레드 히치콕 영화가 이 녀석들에게서 영감을 얻은 게 틀림없다)의 존재는 우리가 싸우는 영적 적에 관한 중요한 사실 한 가지를 상기시켜 준다. 사도 바울이 말한 우리의 적들인 "통치자들과 권세들"(엡 6:12)과 마찬가지로 주일 아침에 이 거위들이 항상 눈에 띄는 것은 아니다.

하지만 길가에 가득한 배설물을 피해갈 때마다 녀석들의 존재를 느낄 수 있다. 매주 우리 가족이 미니밴에서 내릴 때마다 네 살배기 우리 딸이 외친다. "새똥 조심하세요!" 사실, 녀석이 말해 주지 않아도 늘 조심하고 있다.

더 이상 부인 할 수 없는 영적 전쟁의 현장

요즘 영적 힘에 관해 자주 이야기하는 교회는 드물다. 어떤 교회에서는 그것을 태양이 지구 주위를 돈다는 믿음처럼 무지몽매했던 과거 시대의 잔재로 치부한다. 어떤 교회에서는 처음 온 사람들이 불편해하고 세상에서 기독교를 이상하게 본다는 이유로 그 주제를 피한다.

여러 가지 이유로 교회 리더들은 영적 권세들의 역할을 은근히 부인한다. 일부 사역자들 중에는 영적 적들이 자신을 공격한다는 점을 잘 인정하지 않는다. 하지만 우리 교회의 보이지 않는 거위들처럼 영적 적들이 존재하는 증거를 부인할 수는 없다.

새똥 지뢰밭이 된 교회의 주차장처럼, 우리 지역에는 파괴적인 영적 힘들이 쓸고 지나간 흔적이 가득하다. 이혼에서부터 중독, 불의, 인종 차별, 부정, 학대까지 종류도 다양하다. 당신의 지역이 이런 것

IMMEASURABLE
우리가 영적 진리를 받아들일 때 우리의 적은 두려움에 떨게 될 것이다.

들로 망가져 있다면 (요즘 안 그런 지역이 어디 있는가?) 당신은 보이지 않는 힘들과 영적 전쟁을 벌이고 있는 것이다. 신약은 영적 전쟁을 천사와 악마가 벌이는 영화 속 전투로 그리고 있지 않다. 성경은 부패하고 파괴적인 '세상'의 시스템들에 관해 이야기한다.

다시 말해, 영적 전쟁은 단순히 악한 영들과의 전쟁이 아니라 비인간적인 시스템들과의 전쟁이기도 하다. 바울은 이 두 전쟁을 동일시했다.

이것은 인간의 지능과 도구만으로는 이런 적들을 무찌르기에 역부족이라는 뜻이다. 커리큘럼을 짜서 교육을 시킨다고 해서 이런 적을 패배시킬 수 없다. 이런 병은 인간의 무지나 악의에서만 비롯한 것이 아니기 때문이다. 케네디(Kennedy) 대통령은 "우리의 문제들은 인간이 만든 것이니 인간이 해결해야 한다"라는 유명한 말을 남겼다.

하지만 바울은 그렇지 않다고 말한다. 바울은 우리가 "우리의 씨름은 혈과 육을 상대하는 것이 아니요 … 악의 영들을 상대함이라"라고 분명히 말했다(엡 6:12). 그런 만큼 영적 무기들이 필요하다.

적을 두려움에 떨게 하는 유일한 방법

그렇다고 해서 인간적인 노력과 지능이 전혀 쓸모없다는 뜻은 아니다. 다만 이 적들을 이기려면 우리 자신의 힘만으로는 부족하다는 진리를 겸허히 인정해야 한다는 뜻이다. 이것이 바울이 에베소서 6장에서 "하나님의 전신갑주"의 첫 번째 요소로 진리를 꼽은 이유가 아닐까 싶다. 승리는 우리의 적에 관한 진실을 보고 우리 자신에 관한 진실을 받아들이며 하나님의 도우심이 필요하다는 진실을 겸허히 인정하는 데서 시작된다.

자신과 적에 관한 진실을 보지 못하는 것이 요즘 기도를 중시하는 사역자들이 그토록 적은 이유 중 하나일 것이다. 한번은 바나 그룹에서 여러 교단의 교회 리더들을 대상으로 교회의 최우선사항들을 묻는 조사를 벌였다. 그런데 열두 개의 사역 영역 중에서 기도가 맨 꼴찌였다.[1] 인간의 힘으로 우리의 적을 무찌를 수 있다는 케네디의 말에 동의하는가? 혹시 바울을, 기도를 지나치게 맹신한 옛날 사역자쯤으로 치부하고 있는가?

우리에게는 교활하고도 공격적인 적이 있다. 이 적이 사탄인지 세상의 부패한 시스템인지에 관해 신학적인 입씨름만 벌일 것이 아니라 (왜 둘 다라고는 생각하지 않는가?) 하나님께 이들이 교인들에게 미치는 끔찍한 영향을 알게 해 달라고 기도해야 할 것이다. 정확한 원인이 무엇이든 우리 교회 안의 배설물이 주변 세상의 배설물보다 결코 덜 고약하지 않다는 사실을 분명히 깨닫고 나면 그 적을 물리치기 위해 자신보다 더 큰 힘이 필요하다는 점을 겸허히 받아들일 수 있다. 우리에겐 은혜가 필요하다. 기도를 통해 이 은혜를 향해 나아가야 한다. 이 진리를 받아들일 때 우리의 적은 두려움에 떨게 될 것이다.

02

순전함
복음만으로
충분하다

예전에는 커피를 주문할 때 두 가지 질문에만 답하면 끝이 났다. "레귤러 아니면 디카페인?" "블랙 아니면 크림과 설탕?" 하지만 요즘 스타벅스에서는 무려 8만 7천 가지가 넘는 조합을 판매한다. 수십 년 동안 마케팅 전문가들은 고객 맞춤화는 개인에게 힘이 넘어가는 것이기 때문에 사람들이 선택권을 가지길 원한다고 주장했다. 하지만 수천 가지 선택권 앞에 놓이면 힘이 나기는커녕 오히려 무기력해지기 십상이다. 심리학자들은 이런 현상을 '선택의 폭정'(tyranny of choice)이라 부른다. 이것이 요즘 반대로 단순함의 가치가 뜨는 이유 중 하나다.

단순함을 외치는 사람들

사회가 복잡해질수록 사람들은 단순함에 끌린다. 절제된 디자인과 사용 편의를 내세운 애플 기기들이 엄청난 성공을 거둔 것만 봐도 알 수 있다. 그런가 하면 각 사람의 입맛을 다 맞춘 맥도날드의 복잡한 메뉴를 거부한 차세대 패스트푸드 업체들이 등장했다. 예를 들어, 치폴레(Chipotle) 식당은 메뉴가 단순할 뿐 아니라 인테리어도 꾸밈없는 '도시의 초원'을 표방하고 있다.

교회 리더들도 단순함을 외치는 사람들의 목소리에 귀를 기울이고 있는 것으로 보인다. 작고 단순하게 다이어트를 해서 민첩한 교회를 권장하는 사역 서적들이 줄지어 출간되었고, 큰 교회 건물을 짓는 건축 현장을 보기가 전에 없이 힘들어졌다. 이는 대침체(Great Recession) 훨씬 이전부터 시작된 트렌드다.[1] 더 많은 선택사항을 제공하는 대형 교회에 대한 선호 현상이 줄어들고 있는 것으로 보인다. 최소한 일부 지역에서는 그렇다.

하지만 이런 변화가 단순히 사회 트렌드의 반영만은 아니다. 사회 가치의 변화도 한 몫을 하고 있다고 생각한다. 앞서 말했듯이, 무조건 크면 좋고 옳다고 생각하는 베이비붐 세대와 달리 밀레니엄 세대는 큰 조직들에 의심의 눈초리를 보낸다. 뿐만 아니라 지금 우리가 대형 교회의 철학적 기초를 무너뜨리고 중소형 교회에 정당성을 부여하는 신학적 변화의 한복판에 있는 것은 아닐까 하는 생각이 든다.

대형 교회들의 등장에는 성속의 구분이라는 암묵적인 믿음이 한 몫을 했다. 이는 세상이 하나님이 관심을 두시는 것(신성한 것)과 궁극적으로 전혀 중요하지 않은 것(세속적인 것)으로 갈린다는 믿음이다.

예를 들어, 회계는 영원한 가치가 없는 세속적인 일이다. 하지만 교회 위원회에서 회계를 보면 얘기가 달라진다. 그것은 하나님 나라를 위한 회계다. 교회 밖에서 상담자나 자동차 수리공, 피트니스 센터 트레이너로 일하는 크리스천들은 하나님 나라를 위해서 일하고 있는 것이 아니다. 그런 일이 교회 안으로 들어와야만 성스러운 일이 된다. 이렇게 모든 일을 신성화하려는 움직임은 식당이며 카센터, 피트니스 센터, 상점, 병원까지 온갖 프로그램을 갖추고 그것을 관리하기 위한 자원봉사자들이 끊임없이 유입되는 대형 교회들을 탄생시켰다.

> **IMMEASURABLE**
>
> 평신도들이 권한을 얻고 직업이 인정을 받을 때 목자로 부름을 받은 우리는 대형 교회를 키우고 관리해야 하는 압박감에서 벗어나 성경을 가르치고 행하는 본연의 임무에 충실할 수 있다.

소명 신학으로의 출발

중세를 풍미했던 성속의 구분은 로마 가톨릭교회의 전방위적 확산을 이끈 원동력 중 하나였다. 정부에서 예술과 교육, 상거래까지 문화의 모든 영역이 교회의 통치와 구조 아래로 들어가 신성화되었다.

　상황이 변하기 시작한 것은 종교개혁으로 성속의 벽이 허물어지면서부터다. 루터(Luther)와 칼뱅(Calvin), 그리고 그 영적 후손들은 모든 삶과 일이 신성하다는 소명 신학을 내세웠다. 이 신학에 따르면 교회 밖에서 하는 회계도 얼마든지 중요하고 하나님께 영광을 돌릴 수 있다. 그때부터 교회 조직은 설교와 사역의 범위를 단순화할 수 있었다. 동시에 평신도들은 세상을 교회 조직의 지배 아래로 억지로 끌어올 필요 없이 세상 속에서 그리스도를 드러낼 수 있게 되었다.

현대 사회에서도 비슷한 일이 벌어지고 있지 않다. 수십 년간 교회와 세상이 구분되어야 한다는 가정 아래 대형 교회들이 우후죽순처럼 생겨났다. 하지만 이제는 많은 사람이 그 가정에 의문을 제기하고 있다. 새로운 세대와 교회 리더들과 평신도들이 문화 참여의 비전과 소명 신학을 다시 회복시키고 있다. 이제 그들은 꼭 교회 조직에 속해 '사역자'가 되어야 한다는 고정관념에서 벗어나 자신의 삶과 일, 사회 참여의 가치를 보고 있다.

부수적인 효과로 사역자들도 부담스러운 경영자 노릇에서 벗어나 순수하게 사역자로 살아갈 자유를 얻었다. 평신도들이 권한을 얻고 그들이 세상 속에서 가진 직업이 인정을 받을 때 목자로 부름을 받은 우리는 대형 교회를 키우고 관리해야 하는 압박감에서 벗어나 성경을 가르치고 하나님의 일을 행하는 본연의 임무에 충실할 수 있다.

역설적으로 들릴지 모르지만 사역에 덜 집착할 때 오히려 사역이 더 잘 이루어질 수 있다. 이는 그리스도께서 세상 속에서 각 교인들에게 주신 아름다운 소명들을 기회가 있을 때마다 공개적으로 인정해 주라는 뜻이다. 설교에서 사역 참여를 권장하는 예화를 들기보다는 세상 속에서 그리스도의 향기를 풍기는 다른 직종 종사자의 이야기를 자주 소개하는 것이 어떨까? 사역자들과 선교사들에게만 손을 얹고 기도하지 말고 분기마다 교육자들을 앞에 세워 그들의 일을 축복하며 모두가 합심해서 기도하면 어떨까? 돌아오는 월례회를 교회에서 모이지 말고 회원 중 한 명의 직장에서 모여 잠시 그의 소명에 관해 들어보는 것이 어떨까?

 자동차 수리공과 회계사, 의사, 원예가들이 자신의 일을 하나님 나라의 일로 보고 사역자들도 그들의 일을 진정으로 인정해 주면 그런 일을 굳이 교회의 구조 안으로 통합시킬 필요가 없다. 그렇게 되면 사역자들이 자동차 수리공과 회계사, 의사, 원예가들까지 관리할 필요 없이 다시 사역 자체에 충실할 수 있다. 이제 많은 사람이 이런 단순한 교회 모델을 받아들일 준비가 되어 있다.

03

사역의 복잡성

혼자서 모든 사역의
짐을 지지 말라

가끔은 전혀 뜻밖의 장소에서 지혜를 발견할 때가 있다. 이를테면 프랭크 자파(Frank Zappa)의 자서전 같은 곳에서 말이다. 그의 자서전에서 "향수에 의한 죽음"이란 제목의 작은 단락 하나가 나의 시선을 강하게 사로잡았다.

> 굳이 불이나 얼음으로 세상이 끝나는 것을 상상할 필요가 없다. 다른 두 가지 가능성이 있다. 하나는 서류 작업에 의한 종말이고, 다른 하나는 향수에 의한 죽음이다. 사건과 그 사건에 대한 향수 사이의 시간 간격을 계산해 보면 이제 그 간격은 1년이 채 되지 않는 것으로 보인다. 결국, 향후 25년 안에 사람들이 한 발자국을 내딛을 때마다 방금 전의 그 발자국에 대한 향수를 느낄 정도로 향수의 시간 간격이 짧아질 것이다. 그때는 모든 것이 멈춘다. 그야말로 향수에 의한 죽음이다.[1]

프랭크 자파의 진단이 복음주의 운동에도 똑같이 적용될 수 있다. 세상이 점점 혼란스러워지고 선교가 전혀 예측하지 못한 장애물을 만나는 지금, 우리는 틈만 나면 뒤를 돌아보며 좋았던 옛날을 그리워한다. 향수는 우리로 하여금 현재의 복잡성을 안타까워하고 과거의 거짓 단순성을 이상화하게 만든다. 이번 장에서 예전에는 사역이 얼마나 단순했으며 지금은 어떻게 복잡해졌는지를 살피고 그런 변화 속에 숨겨진 복들을 발견해 보자. 우선, 과거에 우리의 선교가 어떤 면에서 덜 복잡해 보였는지를 알아야 한다. 세 가지 면을 생각할 수 있다.

단순했던 과거의 선교 모델

첫째, 과거에는 복음 전도, 특히 세계 선교를 가장 중요시 했다는 것에 이의를 제기할 사람이 없다. 여기에는 제1차 세계 대전 이후 널리 퍼진 19세기의 종말신학이 적지 않은 역할을 했다. 이 신학에 따르면 이 땅을 비롯한 온 피조 세계는 멸망할 수밖에 없고 영원히 살아남는 것은 오직 구속받은 자들의 영혼뿐이었다. 물질을 배척하고 오직 비물질적인 것에만 가치를 둔 이런 이분법적이고 영지주의적인 세계관에서는 궁극적으로 중요한 일이 하나밖에 없다. 그것은 바로 영혼을 구원하는 일 곧 선교다.

둘째, 과거에는 이렇게 사역이 격상하면서 (아울러 다른 직업들이 격하하면서) 많은 크리스천, 특히 출세에 관심을 둔 크리스천들이 대거 사역 전선으로 뛰어들었다. 그런데 실제로 사역자가 되어 세상에 큰 영향을 미치겠다는 꿈을 이루려면 조직에 의존해야 했다. 개인이 소명으로 나아가기 위해서는 교단과 파라처치 조직이 절대적으로 필요했기 때문에 그런 조직이 우후죽순처럼 나타났다.

셋째, 과거에는 선교사 파송 단체들이 교회들을 선교 파트너로서 의존할 수 있었다. 복음주의 교회에서 자란 아이들은 성경을 배우고 기독교 세계관을 길러, 고등학교나 대학교를 졸업할 때 즈음이면 선교를 수행하기에 충분한 신앙의 기초를 갖출 수 있었기 때문이다.

따라서 과거에는 선교 모델이 상대적으로 단순해 보였다. 교회들은 사람을 훈련시켰고, 이분법적인 종말론이 그 사람에게 선교의 열정을 불어넣었으며, 교단이나 파라처치 조직들이 그 사람을 선교 현장으로 배치시켰다. 이런 안정적인 시스템 덕분에 복음주의 선교 단체들은 20세기 내내 급성장을 이루었다. 매년 더 많은 선교사를 해외로 파송할 수 있었다. 과거에는 단순한 시스템이 먹혔다.

과거의 향수는 죽음으로 향하는 길

하지만 상황이 복잡해지기 시작했다. 새로운 세대 곧 내 세대가 자라면서 세상과 선교를 다른 시각으로 보기 시작했다. 나는 X세대, 아니 선호하는 표현을 쓰자면 '점보 제트기 세대'의 일원이다. 우리 세대는 급격한 세계화의 한복판에서 자란 첫 세대다. 이 세계화는 세상과 그 안에서 우리의 자리를 보는 시각을 근본적으로 바꾸어 놓았다.

1970년, 흔히 점보 제트기라고 불리는 보잉 747기가 운행을 시작했다. 당시 보잉 747은 역대 가장 크고 가장 저렴한 민간 항공기였다. 역사상 처음으로 보통 사람들에게도 대륙 간 여행이 가능해졌다. 덕분에 보잉 747은 유례없는 문화적 혼합의 시대를 활짝 열었다. 점보 제트기가 탄생하지 않았다면 지금 나도 세상에 태어나지 못했을 것이다. 낮은 항공료 덕분에 시카고에 사는 스물네 살의 간호사가 뭄바이로 날아가 스물여덟 살의 의사와 사랑에 빠질 수 있었다. 덕분에 지금의 내가 있다. 그리고 고등학교를 졸업하기도 전에 나는 30개국을 다녔다.

물론 내 또래에 나만큼 자주 해외 여행을 다녀온 사람은 그리 많지 않다. 하지만 외국을 다녀오지 않은 사람들도 전에 없이 복잡해진 세상에서 자랐다. 점보 제트기가 서비스를 시작한 뒤로 연방 이민국이 있던 엘리스 아일랜드(Ellis Island)보다 LAX와 JFK 공항을 통해 미국으로 이민 온 사람이 더 많다. 1980년대에는 세상이 우리에게로 다가오는 것이 분명하게 느껴졌다. 온갖 신앙과 문화를 가진 사람들이 우리 동네와 학교를 가득 채웠고, 위성 방송의 강림으로 각자 집 안방에서 세상의 고통을 생생하게 보게 되었다. 우리는 천안문 광장에 탱크들이 들어가는 장면을 보았고, 마이클 잭슨(Michael Jackson)의 노래 "위 아 더 월드"(We Are the World)를 배경음악으로 에티오피아 가뭄 현장을 시청했다.

나는 이런 글로벌 시각이 종말신학의 변화를 가져왔다고 확신한다. 젊은 크리스천들은 물질적인 세계가 궁극적으로 중요하지 않다는 이분법을 점점 거부하고 있다. 그래서 복음 선포를 복음 실천의 위에 두는 선교학은 이제 우리의 정서에 맞지 않다. 사역을 넘어 예술과 과학, 정치, 교육, 의료, 미디어, 가정까지 소명의 영역을 확대해야 한다는 목소리가 교회 내에서 점점 더 힘을 얻고 있다. 다시 말해, 전도만 중요하다는 메시지는 더 이상 통하지 않는다. 세계를 보며 자란 세대는 세상의 다양한 문제를 두루 볼 줄 알기 때문이다. 그래서 이제 오늘날 많은 교회에서 가장 존경받는 사람은 선교사가 아니라 사회 운동가다. 물론 이런 흐름도 나름의 맹목과 문제점을 안고 있다.

나의 세대의 두 번째 특징은 언제 어디서나 엔터테인먼트를 즐길 수 있는 환경에서 자랐다는 것이다. 드라마, 음악과 게임까지 우리는 한시도 지루해지는 것을 거부한다. 그렇게 종일 미디어를 소비하다보니 우리의 주의 집중 시간은 카페인에 중독된 금붕어 수준으로 줄어들었다. 농담이 아니다. 조사 결과에 따르면, 지난 15년 사이 현대인들의 평균 주의 집중 시간은 12초에서 8초로 줄어들었다고 한다. 금붕어보다 1초가 부족하다.[2] 덕분에 교회는 교인들을 붙잡기 위해 점점 극장과 같은 곳으로 변모했다. 지난 40년 사이에 대형 교회들과 기독교 방송의 숫자가 폭발적으로 증가했음에도 불구하고 통계를 보면 젊은 크리스천들은 부모 세대에 비해 성경을 잘 모르고 기독교 세계관을 제대로 갖추지 못하고 있다. 교회가 더 재미있어지기는 했지만 교육적인 면에서는 전에 없이 빈약해졌다.

얼마 전 한 유사한 기독교 대학의 총장을 만나 고충을 들은 적이 있다. 그는 예전에는 믿는 가정에서 태어나 복음주의 교회에 다닌 학생들이 성경을 잘 알고 기본적인 기독교 세계관을 갖춘 상태에서 입학했다고 말했다. 하지만 요즘은 전혀 그렇지 못하다. 그래서 그 대학은 매우 골머리를 썩고 있었다. "우리 학교는 교회를 대신하는 곳이 아닙니다." 총장은 그렇게 말하며 한숨을 쉬었다. 요즘 학생들은 기독교 신앙의 뿌리가 없어서 기독교 교양 과목을 들을 능력이 되지 않는다. 선교 단체의 리더들에게서도 비슷한 하소연을 자주 듣는다. 이런 파라처치 조직들은 대개 기본적인 제자 훈련을 제공하는 곳이 아니다. 이 조직들은 기본 훈련이 교회에서 끝나야 한다고 생각한다. 하지만 그런 생각은 더 이상 통하지 않는다.

마지막으로, 나는 귀책사유 없이 가능한 이혼(no-fault divorce)이 합법화되고 널리 받아들여진 후 태어난 첫 세대다. 그로 인해 세상 속에 늘 존재해 왔던 타락과 분열의 정신이 전에 없이 우리의 가정을 공격하고 있다. 예로부터 사람들은 세상이 안전하지 않은 곳임을 알고 있었다. 하지만 우리 세대는 역사상 처음으로 그런 현실을, 정체성을 형성시키는 가장 친밀한 관계 속에서 생생하게 경험한 세대다. 서로에 대해 그리고 우리에 대해 약속을 어긴 부모로 인해 우리는 냉소적으로 변해 버렸다. 우리는 결혼만이 아니라 세상의 모든 제도와 조직을 의심과 냉소의 눈으로 바라본다. 갤럽이 벌인 종단 연구들을 보면, 1970년대 이후로 학교와 정부, 기업, 군대, 경찰, 교회에 대한 사람들의 신뢰는 모두 급격히 추락했

다.³

이는 선교를 위해 인력을 훈련시키고 동기를 유발해서 파송하던 과거의 익숙하고도 단순했던 시스템이 훨씬, 훨씬 더 복잡해졌다는 뜻이다. 전도만이 궁극적으로 중요하다는 단순한 이분법은 더 이상 먹히지 않는다. 이제 교회에서 선교사의 기본기를 갖추어 주는 시대도 지났다. 또한 이제 우리는 크리스천들을 선교 현장에서 배치시키는 교단이나 파라처치 조직들을 예전만큼 절대적으로 신뢰하지 않는다.

과거에 단순해 보였던 것이 이제는 복잡해졌고, 이런 현상이 적잖은 사람을 향수의 희생자로 전락시켰다. 우리는 현재의 모델이나 시스템을 바꿀 생각이 없다. 그저 지역 교회들(쉬운 표적)이 선교를 제대로 지원해 주지 않는다고 불평만 하고 있다. 새로운 자금원을 개발하기보다는 우리만큼이나 과거의 선교 부흥기에 대한 향수에 젖어 있는 나이든 세대의 후원금에 의존하고 있다. 이 모두는 향수에 의한 죽음으로 가는 지름길이다.

결국은 반응이 답이다

하지만 이런 변화들에 절망할 필요는 없다. 어떤 경우에도 우리는 소망과 충성으로 반응할 수 있고 성경 속에서 사례를 발견할 수 있다. 민수기 11장에서는 우리에게 방향을 알려 줄 좋은 사례가 등장한다. 모세는 광야에서 이스라엘 백성들을 이끌어 왔는데 리더십의 무게가 점점 더 무겁게 그의 어깨를 짓눌렀다. 참다못한 그가 도와달라고 부르짖자 하나님은 다음과 같은 처방을 내려 주셨다.

> 모세가 … 백성의 장로 칠십 인을 모아 장막에 둘러 세우매 여호와께서 구름 가운데 강림하사 모세에게 말씀하시고 그에게 임한 영을 칠십 장로에게도 임하게 하시니 영이 임하신 때에 그들이 예언을 하다가 다시는 하지 아니하였더라 (24-25절).

이제 모세의 짐을 70명이 분담하게 되었다. 그런데 이때 흥미로운 일이 벌어진다.

> 그 기명된 자 중 엘닷이라 하는 자와 메닷이라 하는 자 두 사람이 진영에 머물고 장막에 나아가지 아니하였으나 그들에게도 영이 임하였으므로 진영에서 예언한지라 한 소년이 달려와서 모세에게 전하여 이르되 엘닷과 메닷이 진중에서 예언하나이다 하매 택한 자 중 한 사람 곧 모세를 섬기는 눈의 아들 여호수아가 말하여 이르되 내 주 모세여 그들을 말리소서. 모세가 그에게 이르되 네가 나를 두고 시기하느냐? 여호와께서 그의 영을 그의 모든 백성에게 주사 다 선지자가 되게 하시기를 원하노라 (민 11:26-29).

이전까지만 해도 하나님이 모세를 통해서만 말씀하시는 것이 원칙이었다. 지시 전달 통로는 지극히 단순했다. 항상 하나님에게서 지시가 나와 모세를 통해 백성에게로 전달되었다. 아울러 이 사건은 하나님이 백성에게 법을 주신 지 얼마 되지 않아 벌어졌다. 그것은 제사와 정결, 속죄 절차를 비롯해서 무엇을 어떻게 해야 하는지 정확히 명시한 법이었다. 한마디로, 모든 것이 단순하고 명쾌했다. 무엇보다도 상황을 가장 단순명쾌하게 만드는 요인은 장막에 모여 하나님의 영을 받으라는 명령이 다름 아닌 하나님에게서 직접 내려온 명령이었다는 점이다.

하지만 엘닷과 메닷은 지시대로 따르지 않았다. 그들은 장막으로 모이지 않고 진영에 남아 머물러 있었다. 하지만 상관없이 그들에게도 하나님의 영이 임하셨다. 마치 하나님이 스스로 세우신 단순한 원칙을 스스로 깨신 것처럼 보였다. 상황이 갑자기 복잡해졌다. 그로 인해 백성 사이에서 분노와 두려움이 동시에 일어났다. 먼저 한 젊은이가 모세에게 달려가 그의 명령을 어긴 자들의 이름을 고해바쳤다. 그 다음에는 여호수아가 분노해서 엘닷과 메닷을 당장 벌해야 한다며 길길이 날뛰었다.

어떤가? 이런 기분이 이해가 가지 않는가? 일이 예전처럼 원칙과 계획대로 이루어지지 않으면 두려워진다. 화가 치민다. 여호수아처럼 최대한 빨리 질서를 바로잡고 싶은 마음이 든다. 한눈에 훤히 파악될 만큼 단순하고 직선적이었던 예전으로 돌아가고 싶다. 하지만 예기치 않게 복잡해진 상황에 모세와 여호수아의 반응 차이에 주목할 필요성이 있다. 여호수아는 새로운 복잡성에 두려움과 경계, 분노로 반응했지만 모세는 상황을 다르게 보았다.

복잡성은 통제의 환상을 깨뜨린다

우리는 예측 할 수 없는 하나님을 섬긴다. 지시를 어긴 사람들에게까지도 역사함으로써 모세와 여호수아를 어리둥절하게 만든 하나님. 이런 패턴은 성경 전체에서 반복적으로 나타난다. 성경과 역사를 통해 확실하게 깨달을 수 있는 한 가지가 있다면 그것은 하나님이 그분을 통제하려는 우리에게 지독히 비협조적이시라는 사실이다. 우리는 하나님을 억제시키고 제도화하고 시스템화하려고 한다. 그래야 그분을 이해하고 예측하고 통제할 수 있으니까 말이다. 하지만 하나님은 틈만 나면 예상 밖의 행보로 우리의 삶이나 세상을 복잡하게 만드신다. 그때마다 우리는 통제가 환상임을 새삼 깨닫는다. 우리는 통제를 손에 넣은 적이 단 한 번도 없었고 앞으로도 손에 넣을 일이 없다. 이런 깨달음은 참으로 귀한 선물이다.

아장아장 기어 다니던 시절 딸 루시(Lucy)는 천하의 장난꾸러기였는데, 녀석이 가장 좋아하는 장난은 강아지 먹이 던지기였다. 녀석은 틈만 나면 강아지 밥그릇까지 살금살금 기어가 먹이를 사방팔방으로 던졌다. 가끔 내가 녀석이 강아지 밥그릇에 손을 집어넣기 직전에 발견하고서 "이놈!" 하고 짐짓 엄한 표정을 지으면, 녀석은 멈춰서 나를 빤히 올려다봤다. "그건 만지면 안 돼!" 그러면 녀석은 빙그레 웃으며 재빨리 강아지 먹이를 잡아 던지고는 킥킥거리면서 줄행랑을 쳤다.

이런 일이 몇 번 있고 나서야 녀석이 좋아하는 것은 강아지 먹이를 던지는 것이 아니라는 사실을 깨달았다. 녀석이 좋아하는 것은 나의 반응이었다. 녀석은 나의 화난 모습이 재미있었던 것이다. 그 모습을 보려고 매번 그 장난을 친 것이었다.

> **IMMEASURABLE**
>
> 우리는 통제가 환상임을 새삼 깨닫는다. 우리는 통제를 손에 넣은 적이 단 한 번도 없었고 앞으로도 손에 넣을 일이 없다. 이런 깨달음은 참으로 귀한 선물이다.

때로 하나님도 이런 장난을 치신다. 때로 하나님은 강아지 먹이를 우리의 삶이라는 거실 곳곳에 던지신다. 우리가 깔끔하게 정돈되고 통제된 상태로 유지하려는 것을 하나님은 자꾸만 공중으로 던지신다. 그것은 우리의 반응을 이끌어내기 위해서다. 우리가 교훈을 얻기를 원해서다. 우리가 상황을 통제할 수 없다는 사실, 우리가 통제하는 것처럼 보이지만 그것이 사실상 환상에 불과하다는 사실을 보여 주시려는 것이다.

토머스 아퀴나스(Thomas Aquinas)는 중세 최고의 신학자다. 기독교 신앙에 대한 수만 가지 의문에 답한 그의 《신학대전》(*Summa Theologica*)은 서양 문명에서 가장 위대한 지적 금자탑 중 하나로 추앙받고 있다. 아퀴나스는 하나님과 신앙의 신비와 복잡성을 인간이 이해할 수 있도록 깔끔하게 단순화했다. 그런데 1273년 그는 느닷없이 절필을 선언했다. 그날 그는 예배당에서 예배를 드리다가 꿈에도 예상치 못했던 방식으로 하나님을 강력하게 경험했다. 그로 인해 그가 그때까지 세웠던 체계가 단번에 무너졌다. "더 이상 쓸 수 없다. 내가 지금까지 쓴 모든 것이 지푸라기로 느껴질 만한 것들을 보았다."

통제할 수 없는 복잡성을 만나 통제의 환상이 산산이 흩어질 때 우리는 겸허해진다. 오늘날 복음주의 진영에서 통제의 환상이 무참히 깨지고 있다. 우리가 한 세기 내내 개 밥그릇 안에 보기 좋게 넣어 두었던 먹이를 하나님이 사방팔방으로 던지고 계신다. 그런데 우리는 이런 하나님께 감사해야 마땅하다. 지금 겪고 있는 복잡성과 혼란은 어차피 깨질 시스템과 구조, 조직에 대한 거짓 신뢰를 깨뜨려 다시금 하나님을 의지하게 만들기 위한 선물이다.

하나님은 강아지 먹이를 던지는 장난을 치며 우리의 반응을 기다리고 계신다. 어떻게 할 테냐? 여호수아처럼 통제의 환상을 놓지 않으려고 저항할 테냐? 아니면 통제가 원래도 너희의 손에 없었고 앞으로도 없을 것이라는 현실을 받아들일 테냐?

선교의 촉매제가 될 수 있다

하나님이 장막이 아닌 진영에서 메닷과 엘닷에게 그분의 영을 부어 주신 데는 다 이유가 있었다. 여호수아는 하나님이 정하신 원칙에 어긋난다는 이유로 그것을 저지시켜야 할 나쁜 일로 보았다. 하지만 모세는 하나님의 임재가 백성에게로 확장되는 것이 단순한 시스템을 복잡하게 만들었지만 궁극적으로는 하나님의 선교를 전진시키는 것이기에 좋은 일이라는 점을 간과했다.

신약 곳곳에서도 똑같은 패턴을 발견할 수 있다. 사도행전 8장에서 예루살렘의 성도들이 핍박을 받아 교회의 상황은 복잡해졌지만 덕분에 선교가 원활해졌다. 사도행전 10장에서는 이방인들이 성령을 받는 모습을 통해 바울의 머릿속에서 유대인은 복을 받았고 이방인은 저주를 받았다는 단순한 이분법이 깨졌다. 이방인들이 성령을 받는 바람에 상황이 복잡했지만 덕분에 선교의 비약적인 진전이 나타났다.

교회사에서 이런 현상을 자주 볼 수 있다. 우리가 혼란스럽고 복잡하고 바람직하지 않게 보는 것을 하나님은 인간으로서는 불가능한 속도로 선교를 도약시키기 위한 발판으로 사용하신다. 따라서 상황이 복잡해진다고 해서 무조건 나쁘다고 불평하거나 사탄의 방해라고 단정하지 않도록 조심해야 한다. 대신, 좋은 복잡성과 나쁜 복잡성을 분별하는 능력을 길러야 한다.

나쁜 복잡성은 루브 골드버그(Rube Goldberg) 장치와도 같다. 이 장치는 방 안을 움직이는 줄과 경사로, 공, 양동이로 가득 채우는 거대하고 조잡한 기계다. 공을 굴리거나 도미노를 넘어뜨리는 것 같은 작은 동작 하나로 길고도 복잡한 연쇄반응이 시작된다. 이 기계는 기발한 뮤직 비디오로 유명한 록 밴드 OK Go의 유튜브 동영상을 통해 유명세를 탔다. 루브 골드버그 장치는 거대한 덩치와 복잡한 구조로 겨우 단순한 업무 하나를 해 내는 기계다. 무척이나 재미있고 신기하지만 지극히 비효율적이다.

반면, 하나님의 복잡성은 다양한 종류의 날로 다양한 작업을 할 수 있는 스위스 군용 칼과도 같다. 누구도 이 칼을 단순하다고 말하지 않을 것이다. 이 칼은 고도로 복잡하고 정교하다. 하지만 역설적으로 이런 복잡한 구조 덕분에 오히려 편리하다.

많은 교회, 나아가 많은 선교 단체가 나쁜 복잡성에 빠져 있다. 이 조직들은 보기에만 즐거울 뿐 효율 면에서는 최악인 루브 골드버그 기계와도 같다. 이 조직들은 업무에 필요한 수준보다 훨씬 더 크고 복잡한 통제 시스템을 구축했다. 그 거대한 산을 지탱하고 있는 모습이 위태로울 뿐이다. 시스템이나 환경에서 한 가지 요소만 변해도 조직 전체가 휘청거린다.

예를 들어, 가끔씩 성탄절이 주일과 겹치면 많은 대형 교회가 그날 주일예배를 드릴 수 없다. 집에서 가족끼리 오붓하게 보내는 가정이 많아 주차장과 탁아소를 비롯해서 거대한 건물의 수만 가지 시설을 관리해 줄 수백 명의 자원봉사자를 확보하기 어렵기 때문이다. 게다가 평소보다 헌금이 적게 걷히기 때문에 텅텅 빈 운동장만한 건물의 난방비와 전기세를 감당할 재간이 없다. 대형 교회들은 화려하지만 심지어 성탄절이 주일과 겹치는 것처럼 예측 가능한 변화에도 약점을 고스란히 드러낸

IMMEASURABLE
인간은 복잡한 존재지만 그것은 좋은 종류의 복잡성이다. 사람은 유연하고 튼튼하며 적응력이 강하다. 이런 사람이 능력을 갖추고 성령으로 충만해지면 선교는 놀라운 진전을 이룰 수 있다.

다. 이것이 나쁜 복잡성이다.

이번에는 많은 후진국과 기독교에 대한 핍박이 심한 독재 국가에서 볼 수 있는 가정 교회 운동의 복잡성에 관해 생각해 보자. 가정 교회는 또 다른 종류의 복잡성을 보여 준다. 예컨대, 일사불란한 중앙 통제 시스템이 없다. 그래서 혼란스럽고 어수선해 보일 수 있다. 그런 나라 중 한 곳에서 한 사역 리더와 나누었던 대화가 기억난다. "여기서는 얼마나 많은 교회가 모이고 있나요?" 내가 물었더니 그는 머리만 긁적였다. "여기 사역자님은 몇 분이나 계신가요?" 이번에도 모른다는 대답만 돌아왔다.

하지만 그곳에서 교회는 놀라운 속도로 성장하고 있었으며, 웬만한 변화에는 꿈쩍도 하지 않을 만큼 강하고 유연했다. 이 교회는 여전히 복잡했지만 그것은 엄연히 좋은 복잡성이었다.

여기서 특정 교회나 조직 구조를 옹호할 생각은 추호도 없다. 어떤 구조가 좋은지는 각자의 환경과 선교 현장에 따라 다르기 때문이다. 단지 당신 조직의 구조를 다시 점검해 보라는 말을 하고 싶다. 상황이 더 복잡해질 때 당신 조직의 시스템이 약점을 드러낼까? 아니면 흔들리지 않는 모습을 보여 줄까? 경직되어 있는가? 아니면 유연한가? 좋은 복잡성과 나쁜 복잡성 중 어느 방향으로 가고 있는가? 요즘 젊은이들 사이에 반조직 성향이 팽배한 것은 오히려 현재 너무도 많은 교회와 조직이 빠져 있는 나쁜 복잡성을 솔직히 돌아볼 좋은 기회가 될 수 있다.

모든 자원을 시설과 시스템, 구조에만 쏟아 붓다가는 결국 루브 골드버그 기계만 탄생한다. 그러지 말고 교인들을 성장시키는 데 더 많은 자원을 할당하면 어떨까? 인간은 복잡한 존재지만 그것은 좋은 종류의 복잡성이다. 스위스 군용 칼처럼 사람은 유연하고 튼튼하며 적응력이 강하다. 이런 사람이 능력을 갖추고 성령으로 충만해지면 선교는 놀라운 진전을 이룰 수 있다.

저주가 아닌 축복

엘닷과 메닷이 진영에서 하나님의 영으로 충만하여 예언을 한다는 말에 여호수아는 붉으락푸르락한 얼굴로 모세에게 달려가 당장 그들을 저지시키라고 요청했다. 하지만 모세는 여호수아가 분노한 진짜 이유를 대번에 간파했다. "네가 나를 두고 시기하느냐?"

겉으로만 보면 여호수아는 엘닷과 메닷이 진영에서 예언하는 것이 모세의 평판과 권위에 위협이 된다고 판단하여 화를 낸 것이다. 앞서 보았듯이 모세는 장로들에게 장막에 모여 하나님의 영을 받으라고 명령했다. 하지만 엘닷과 메닷은 그 명령을 거역했다. 그런데도 상관없이 하나님의 영을 받아 예언을 했다. 분명 이것은 하나님이 정하신 단순명료한 지휘 계통을 흐트러뜨리고 사람들 사이에서 모세의 권위를 떨어뜨릴 수 있는 상황이었다. 그런데 이 본문에서 여호수아가 어릴 적부터 모세의 종이었다는 사실을 굳이 언급했다는 점에 주목할 필요성이 있다. 다시 말해, 엘닷과 메닷은 단순히 모세의 평판에만 위협이 된 것이 아니었다. 모세가 실각하면 여호수아는 닭 쫓던 개 신세가 될 수밖에 없었다.

틀에서 벗어난 하나님의 역사에 상황이 복잡해지자 여호수아의 마음속에 있는 진짜 동기가 드러났다. 여호수아의 주된 관심은 하나님의 일이 아니라 모세의 권력을 보호해서 향후 자신의 대권에 차질을 빚지 않게 하는 데 있었다.

오늘날에도 많은 기성 교회와 조직에서 이런 모습을 볼 수 있다. 하나님께 놀라운 쓰임을 받지만 자신의 사역이 예상치 못한 복잡성으로 제자리걸음을 하거나 뒷걸음질하던 여호수아처럼 반응하는 리더가 너무도 많다. 하나님의 새 운동을 받아들이지 못하고 낡은 방식에 집착하며 새로운 접근법과 관련된 사람들에게 화를 내기까지 한다.

요한복음 3장에서 예수님은 성령을 바람의 예측 불가능한 능력에 비유하셨다. "바람이 임의로 불매 네가 그 소리는 들어도 어디서 와서 어디로 가는지 알지 못하나니." 성령의 역사로 계속해서 부흥을 경험하던 사역자가 성령의 바람이 전혀 예측하지 못했던 새 방향으로 불 때 여호수아처럼 변화를 거부하는 일이 비일비재하다. 우리는 성령이 바람보다 늘 같은 방향으로만 불게 통제할 수 있는 선풍기가 되기를 원한다.

하지만 모세의 반응은 사뭇 달랐다. 모세는 여호수아와 달리 하나님의 새 방식에 저항하지 않았다. 그는 하나님의 영이 자신의 권위나 리더십과 상충하게 역사한다고 화를 내지 않았다. 그의 주된 관심사는 자신의 평판이나 직책의 유지가 아니었다. 대신 그는 더 큰 그림을 보았다. 그는 자신의 리더십이나 조직보다 훨씬 더 중요한 뭔가가 있음을 알았다. 그는 먼 훗날 오순절에 일어날 일을 예견이라도 하는 듯 이렇게 말했다. "여호와께서 그의 영을 그의 모든 백성에게 주사 다 선지자가 되게 하시기를 원하노라."

모세의 목표는 사람들을 통제하는 것이 아니라 사람들을 성장시키는 것이었다. 그는 사람들이 자신을 통해서만 하나님을 만나거나 그분의 뜻을 알기를 원하지 않았다. 그는 모든 사람이 자신처럼 하나님을 개인적으로 친밀하게 경험하기를 원했다.

교회와 교단, 선교 단체들이 힘든 시기를 보내고 있는 것은 분명한 사실이다. 하지만 우리에게는 단지 이런 조직을 유지시키는 것보다 더 높은 소명이 있다. 자원이 떨어지지 않도록 통제하는 것보다 더 큰 목표가 있다. 교회와 교단, 선교 단체들의 주된 목적은 하나님의 백성을 성장시키는 것이다.

하나님이 당신이 만들었고 오랫동안 익숙해져 온 시스템 밖에서 사람들에게 능력을 부어 주고 계신가? 그래서 여호수아처럼 두려움과 분노로 반응하고 있는가? 그것은 안타까워할 일이 아니다. 저항할 일은 더더욱 아니다. 오히려 축하할 일이다. 지금 우리가 마주하고 있는 새로운 복잡성은 우리 자신의 동기와 목표를 재점검하라는 하나님의 메시지다.

프랭크 자파는 세상이 향수로 인해 끝장이 날까봐 두려워했다. 실제로 향수병이 오늘날 복음주의 세계를 위협하고 있다. 새로운 세대가 지난 세기 내내 복음주의의 성장을 견인

했던 낯익은 가치와 전혀 다른 가치를 들고 일어나는 지금, 뒤를 돌아보며 과거의 방식들을 고집스레 부여잡고 싶은 유혹이 든다. 여호수아처럼 예기치 못한 새로운 것들이 우리의 삶과 조직들을 복잡하게 만든다고 불평하며 현재의 시스템을 질서정연하게 통제된 상태로 유지시키고 싶다. 하지만 그렇게 하는 것이 하나님의 역사를 돕기는커녕 방해하는 것일지도 모른다.

우리는 이 새로운 복잡성을 받아들여야 한다. 왜냐하면 이 복잡성이 통제의 환상을 깨뜨리고 하나님의 선교를 전진시키며 숨은 동기들을 드러내기 때문이다. 그런 의미에서 이 복잡성은 저주가 아니라 축복이다. 이 복잡성이 은혜임을 깨닫게 해 달라고 기도하자.

04

동역

교회의 번영은
리더십의 여분에 달려 있다

나는 비행기를 좋아한다. 여행을 자주 하는 사람으로서 정말 다행이다. 싫어하는 비행기를 자주 타야 한다면 얼마나 고역이겠는가.

인간의 모든 천재성을 결집시킨 이 놀라운 알루미늄 합금 덩어리를 보고 있노라면 공항들의 열악한 상황이 조금은 견딜만하다. 현대 비행기들은 역사상 가장 복잡한 기계 중 하나다. 무려 4백만 개가 넘는 부품으로 이루어졌다고 하니 말 다했다. 그런데 그렇게 복잡한 것이 가장 안전한 운송수단이라고 한다.

미국에만 매일 2만 대가 넘는 민간 항공기가 운행한다. 세계로 범위를 넓히면 매일 10만 대가 하늘을 누빈다. 그런데 항공기를 이용하지 않고 차로 이동하면 사고로 목숨을 잃을 확률이 백배나 높아진다.[1] (오토바이를 타면 사망 가능성이 3천 배나 늘어난다)

더 놀라운 사실은 1980년 이후로 항공기와 비행, 승객 숫자가 두 배로 늘어났지만 연간 비행기 사고는 오히려 꾸준히 줄어들었다는 점이다. 현재의 비행은 30년 전보다 다섯 배나 안전하다.

어떻게 그럴 수 있을까? 비행기가 안전해진 데는 여러 가지 요인이 있겠지만 항공업계에서 가장 중요한 요인으로 '여분'을 꼽는다. 현대 항공기들은 엔진이며 제어 시스템과 컴퓨터, 연료 라인, 유압 시스템, 심지어 조종사까지 비행에 필요한 모든 것에 예비 자원을 갖추고 있다. 다시 말해서 정말 놀랍게도 어느 하나가 망가진다고 해서 비행기가 쉽게 추락하지는 않는다.

2010년 세계 최대 여객기 콴타스 A380의 엔진이 큰 폭발을 일으켜 파편이 날개와 기체를 통과했을 때 여분의 진가가 톡톡히 발휘되었다. 사고 보고서에는 "제어 불능의 엔진 고장"(uncontained engine failure)이란 완곡어법으로 기록되었다.

A380은 심각한 손상을 입었다. 엔진이 파괴된 것은 물론이고 사방을 날아다니는 파편으로 갖가지 제어 시스템이 망가졌으며 연료는 줄줄 샜다. 왼쪽 보조익이 작동하지 않았고 착륙 장치가 말을 듣지 않았다. 그런데도 이 평범한 조종사들은 거의 두 시간을 날아서 비행기를 안전하게 착륙시킬 수 있었다.

여분의 미학이 대참사를 막다

1세기 동안 비행기 사고를 겪은 끝에 엔지니어들은 비행기가 추락하는 이유를 완벽히 파악했다. 덕분에 상상할 수 있는 거의 모든 고장을 견뎌 낼 수 있는 비행기가 탄생했다. 지난 사고들에서 배운 덕에 현대의 비행기들은 작가 나심 니콜라스 탈레브(Nassim Nicholas Taleb)의 신조어 "안티프래질"(antifragile: 충격을 받으면 깨지는 것이 아니라 더 강해지는)이란 표현이 딱 어울릴 만큼 강해졌다.[2]

항공업계에서 찾은 이 교훈은 무엇보다도 오늘날 교회에 절실히 필요하지 않나 싶다. 크기를 막론하고 많은 교회가 여분의 정반대인 단일의 원칙에 따라 운영되고 있다. 이런 교회는 주일 아침만이 아니라 오후는 물론이고 평일에까지 운영의 모든 측면이 오직 한 명의 리더를 중심으로 돌아가기 때문에 언제, 어떻게 무너질지 위태위태하다. 담임목사가 휴가를 가거나 심지어 잠시 출타만 해도 전체 시스템이 완전히 마비가 되는 교회를 적지 않게 보았다. 그런 교회의 교인들은 사소한 것 하나까지 모든 일에서 담임목사를 철저히 의존한다.

이드로가 모세에게 "네가 하는 것이 옳지 못하도다"라고 말했던 것처럼(출 18:17) 조직의 일상 운영에서는 모든 책임이 한 사람에게 쏠렸을 때의 위험성을 보기가 상대적으로 쉽다. 하지만 장기적인 측면에서는 어떨까?

예를 들어, 최근에 두 대형 교회의 후임 목사 청빙 계획을 토론하는 동영상을 본 적이 있다. 한 목사는 여분의 리더들을 충분히 키웠기 때문에 자신이 은퇴해도 교회는 전혀 타격을 입지 않을 것이라고 장담했다. 이 교회는 창립 목사를 대신할 리더와 사역자를 적극적으로 양성하고 있다.

반면, 다른 목사는 아무런 계획이 없었다. 그래서 그의 사역이 실패하거나 자리가 공석이 되면 교회 전체는 위험에 빠질 수밖에 없었다. 그 동영상을 찍은 뒤로 그 교회는 기존 담임목사를 은퇴시키고 새로운 리더를 세우기 위한 3년간의 승계 과정에 돌입했다.

하지만 심히 걱정스러웠다. 단순히 또 다른 슈퍼스타 설교자를 영입하는 것은 아닐까? 아니면 여분을 충분히 갖춘 교회로 스스로를 완전히 개조할 것인가?

최근 스크린으로 예배를 드리는 멀티사이트 교회가 늘어나면서 위험이 배가되었다. 캠퍼스가 늘어날수록 점점 더 많은 사람이 한 명의 사역자에게 의존하게 되니 멀티사이트 교회가 늘어나고 성장하는 추세가 마냥 반가운 일이 아니다. 그 사역자가 떠나거나 "제어 불능의 고장"을 일으키면 그 파장은 실로 엄청날 것이다.

내가 스크린으로 예배를 드리는 멀티사이트 교회의 맹점을 지적할 때마다 옹호자들은 어김없이 이 모델의 효율성과 효과성을 내세운다.

물론 효율성과 효과성은 부인할 수 없다. 단 한 명의 탁월한 설교자로 수많은 도시의 수많은 사람에게 영향을 미칠 수 있으니 분명 효율적이다. 반면, 캠퍼스마다 따로 설교자를 두고 따로 예배를 드리면 복잡하고 비용도 만만치 않다. 하지만 언제부터 효율성과 효과성이 사역의 최우선사항이 되었는가?

여러 엔진과 연료 시스템, 컴퓨터를 갖춘 비행기를 만들면 여분의 부품들로 인해 무게가 크게 늘어나 상황이 매우 복잡해진다. 무게가 늘어나면 연료가 더 많이 소비된다. 연료가 더 많이 소비되면 항공사의 운항 비용이 늘어난다. 그렇게 늘어난 비용은 탑승료 인상의 형태로 승객들에게 전가된다. 이런 이유로 엔진 하나, 조종사 한 명, 컴퓨터 하나뿐인 초저가 비행기를 제작한다고 해 보자. 당신이라면 그런 비행기를 타겠는가?

여분을 갖춘 사역 방식은 효율적이지 않지만 그것을 상쇄하고도 남을 만큼 많은 유익이 있다. 2008년 〈리더십 저널〉에 실렸던 TNL(The Next Level Church)교회의 이야기를 소개한다.[3] TNL교회는 담임목사를 두지 않고 어느 한 사람에게 모든 것이 쏠리지 않는 팀 중심의 구조를 선택했다. 인터뷰에서 이 교회는 여분의 비효율성을 인정했다. 하지만 여분을 둔 덕분에 이 교회는 한두 가지 고장으로는 추락하지 않는 안정적인 곳이 되었다.

예를 들어, 한번은 이 교회의 사역자 중 한 명이 심각한 가정의 위기를 겪게 되었다. 그때 교회는 그 사역자 부부에게 잠시 교회를 떠나 치유에 집중할 시간을 주는 것이 최선책이라는 판단을 내렸다. 그곳의 다른 사역자 중 한 명인 데이브 터프스트라(Dave Terpstra)는 그 사역자에 관해 이렇게 말했다. "그가 담임목사였다면 교회는 그 위기를 극복하지 못했을 것이다. 한 명의 능력 부족이 온 교회의 발목을 잡았을 것이다."

여분으로 교회 구조에 숨통을 트여 놓은 덕분에 사역자와 교인들이 모두 안정적인 비행을 유지할 수 있었다. 심각한 가정 불화를 겪었던 그 사역자는 치유의 기간을 자신이 "진

IMMEASURABLE

모든 책임을 혼자서 떠맡으면 단기적으로는 효율적일지 모르지만 그리 긍정적이지는 않다. 리더십의 여분이 있어야 장기적으로 교회가 더 번영할 수 있다.

정으로 건강해진" 기간으로 기억한다. 그 기간에 그는 가족에게만 집중할 수 있었고 교회 운영은 아무런 차질도 빚지 않았다.

사역자가 자신이 없어도 교회가 정상적으로 기능하고 계속해서 성장까지 할 수 있다는 확신이 있으면 가정 문제에 대해 교인들에게 편안하게 도움을 요청할 수 있다. 여분이 전혀 없이 전체 시스템이 한 사람의 어깨에 놓여 있는 한, 사역자는 자신의 문제를 부인하거나 최소한으로 축소할 수밖에 없다. 그렇게 되면 호미로 막을 일을 가래로 막아야 하는 사태가 벌어질 수밖에 없다.

요컨대, 모든 책임을 혼자서 떠맡으면 단기적으로는 효율적일지 모르지만 긍정적이지는 않다. 리더십의 여분이 있어야 장기적으로 교회가 더 번영할 수 있다.

교회가 항공업계의 교훈을 받아들인다면 하루가 멀다 하고 벌어지는 사역자와 교회의 추락 소식이 눈에 띄게 줄어들 것이라 확신한다.

베이비 붐 세대의 사역자들이 은퇴를 코앞에 둔 지금, 기독교계는 그야말로 일촉즉발의 상황이다. 이런 교회, 특히 사역자의 카리스마 위에 세워진 대형 교회들은 지금까지 철저히 하나의 축으로만 돌아갔다.

이런 교회가 변할까? 사역 방식을 하나부터 열까지 완전히 뜯어고칠까? 계속해서 위태로운 교회 독재체제가 주를 이룰까? 아니면 교회들이 여분의 지혜를 깨닫고 받아들이게 될까?

05

스피치의 간결함
15분이면 충분하다

미국 역사상 가장 유명한 연설은 3분을 채 넘지 않는다. 그것은 바로 링컨(Lincoln)의 게티즈버그 연설이다. 그 연설은 겨우 269개의 단어에 한 국가의 역사와 고통, 포부를 더없이 감동적으로 담아냈다.

  링컨의 연설이 그날 행사의 기조연설이 아니었다는 사실을 아는 사람은 그리 많지 않다. 사실, 그날의 주 연사는 유명한 연설가인 에드워드 에버레트(Edward Everett)였다. 게티즈버그에서 그는 무려 13,607단어로 이루어진 연설을 2시간 넘게 했는데, 19세기의 뛰어난 연사들에게 그 정도 시간은 보통이었다. 행사가 끝나고 나서 에버레트는 대통령에게 이런 편지를 보냈다. "각하께서 2분만에 전달하신 요지를 저는 두 시간이나 걸려서 겨우 전달했으니 이걸 잘했다고 해야 할까요?"

15분 효과?!

나는 사역자로서 간결함이 아름답고도 효과적일 수 있다는 사실을 늘 기억하려고 노력한다. 물론 모든 설교가 게티즈버그 연설만큼 짧아야 한다고 생각하지는 않는다. 하지만 내 설교의 대부분은 다이어트를 필요로 한다. 링컨의 게티즈버그 연설을 생각할 때마다 어떻게 하면 적은 말로 더 큰 효과를 거둘까를 고민한다. 그리고 내가 설교에 담은 내용 중 상당 부분이 교인들에게 정말 유익한 내용이 아니라 단지 (나 자신과 교인들의) 기대에 부응하기 위한 것은 아닌지를 진지하게 돌아보게 된다.

가끔 30분 설교를 요구하는 예배 순서가 곤혹스러울 때가 있다. 설교 원고가 12분 분량밖에 되지 않는다면 어떠할까? 여섯 살짜리 딸에 관한 앙증맞은 예화 하나밖에 준비되지 않았다면? 남는 시간에 장황한 C. S. 루이스의 인용문을 읽거나 최신 기독교(혹은 기독교 풍) 영화 한 토막을 틀어 주는 수밖에 없다.

복음주의 교회의 예배는 대개 사역자가 가느다란 설교 소시지에 온갖 잡다한 것들을 덕지덕지 붙여 음악의 빵들 사이에 쑤셔 넣을 수밖에 없는 구조로 이루어져 있다. 이것이 영양가가 있을까? 어디 맥도널드가 몸에 좋은 햄버거로 전 세계적인 인기를 끌고 있는가?

하지만 정반대의 문제가 더 흔하다. 할 말이 너무 많고 설교를 가지치기하기 싫어하는 사역자들이 많다. 작년에 나는 삼위일체 교리와 성육신, 창세기 1장을 비롯한 까다로운 주제들로 설교를 해야 했다. 이중 한 가지 주제만 해도 일주일 내내 강해해도 모자라다. 이런 이유로 설교자는 주어진 시간 내에 최대한 모든 것을 담으려고 한다.

많은 설교자가 빠져 있는 착각 중 하나는 주일 설교가 헌신의 열정을 일으키는 것이 아니라 내용을 가르치는 시간이라는 것이다. 물론 가르치는 것도 중요하다. 그러나 겪어본 사람은 알겠지만 많은 청중을 모아놓고 하는 강의는 효과적인 배움의 장이 되기 힘들다. 하지만 선포에는 이상적인 장이 될 수 있다. 복잡하기 짝이 없는 삼위일체 교리를 15분 만에 강의할 수는 없지만 우리를 성부와 성자, 성령의 영원한 관계 속으로 초대하시는 하나님을 보여 주는 것은 무엇인가? 설교자가 15분 만에 이것을 해 낼 수 없다면 자신의 진정한 소명을 감당하지 못하고 있는 것이다.

1863년 11월 19일 게티즈버그에 모인 군중이 경험한 것은 바로 내용을 전달하는 연설과 마음을 움직이는 연설의 차이였다. 에버레트는 2시간 내내 군중에게 전쟁에 관한 세부적인 내용을 자세히 브리핑했다. 그는 남군의 죄와 음모를 자세히 나열한 뒤에 북군 전술의 효과성을 설명했다. 반면, 링컨의 훨씬 짧은 연설에는 심지어 '남군'이나 '북군' 혹은 '노예제도' 같은 단어조차 포함되어 있지 않았다. 대신 그는 청중의 눈을 열어 전쟁의 궁극적인 의미를 보게 했고 그들 속에 "이 나라가 하나님 아래서 자유를 새롭게 탄생시킬" 것이라는 소망을 가득 채웠다.

크리스천이라면 응당 성경을 배워야 한다. 이것은 부인할 수 없는 사실이다. 예수님은 우리에게 사람들을 제자로 삼아 그분이 명령하신 모

IMMEASURABLE
많은 설교자가 빠져 있는 착각 중 하나는 주일 설교가 헌신의 열정을 일으키는 것이 아니라 내용을 가르치는 시간이라는 것이다.

든 것을 가르쳐 순종하게 하라고 명령하셨다. 그래서 흔히 주일 설교가 이런 가르침을 위한 주된 통로이며 사역자들은 매주 설교 준비에 가장 많은 시간을 투자해야 한다고 생각한다. 하지만 이런 가정을 다시 점검해 볼 필요성이 있다. 그런데 그럴 의향이 있는 사역자는 그리 많아 보이지 않는다. 나는 오래 전 사역자 안수를 받을 때 그런 현실을 똑똑히 목격했다.

맞으면 O 틀리면 X : 성경에 충실한 설교를 20분 안에 전할 수 있다.

목사고시에 나온 이 질문에 나는 할 말을 잃었다. 내 신학을 평가하기 위한 시험에서 과연 설교의 길이가 중요한가? 나는 재빨리 "O"를 쓰고 다음 문제로 넘어갔다.

몇 달 뒤 나는 유명 사역자들이 심사위원으로 나선 면접시험을 치르게 되었다. 그때 마지막 질문자가 이렇게 말했다.

"필기 시험지를 보니까 성경에 충실한 설교를 20분 안에 전할 수 있다고 했네요?"

"예, 맞습니다."

그러자 그 사역자가 몸을 앞으로 쭉 빼며 심각한 표정을 지었다.

"보세요. 요즘 사람들은 성경을 너무 몰라요. 성경을 순서대로 말하거나 십계명을 외울 줄 아는 교인조차도 찾아보기 힘들어요. 사역자의 가장 큰 역할은 교인들에게 하나님의 말

쏨을 가르치는 겁니다. 저는 매주 설교 준비에 최소한 서른 시간을 투자합니다. 그리고 한번 설교단에 서면 사십오 분 안에는 절대 내려오지 않고요. 왜냐하면 교인들이 성경을 알아야 하니까요!"

이것은 그 사역자가 내게 퍼부은 설교의 일부일 뿐이다. 그는 평소 자신의 교인들에게 하듯 강한 어조와 격렬한 제스처로 성경을 쾅쾅 내리치며 나를 몰아세웠다. 그는 마치 제임스 본드의 악당처럼 한참 독백을 날렸다. 덕분에 나는 답변을 정리할 귀중한 시간을 벌 수 있었다. 마침내 열두 가지 요점으로 그곳에 모인 모든 사람에게 이 문제에 대한 사신의 열정을 충분히 전달했다고 판단한 그가 마지막 질문을 던졌다.

"자, 어떻게 해서 20분 안에 설교를 마칠 수 있다는 건가요?"

"그게, 산상수훈을 집중해서 찬찬히 읽으니까 20분쯤 걸리던데요."

그 사역자는 나를 한참 노려보더니 겨우 입을 열었다. "좋아요, 다음 질문!"

길고 긴 독설의 장대비가 정곡을 찌르는 한마디에 뚝 그쳤다. 이래도 간결함이 효과적이지 않다고 말할 텐가?

06

스피치의 목적

예수님의
설교를 배우라

1,500년 전 로마 황제는 사랑하는 누이를 위해 무덤을 건설했다. 그 작은 건물은 십자가 모양으로 설계되었고 아치형 천장은 쪽빛 하늘을 수놓은 별들의 모자이크로 뒤덮였다. 이 모자이크 천장의 그림 중 백미는 푸르른 낙원에서 양 떼에 둘러싸인 목자 예수의 그림이다.

갈라 플라치디아의 원형 무덤(Mausoleum of Galla Placidia)은 지금도 이탈리아 라벤나에 건재해 있다. 예로부터 학자들은 이 무덤을 "가장 오래되고 가장 잘 보존된 모자이크 기념물"로 부르며 "예술적으로 가장 완벽한" 작품 중 하나로 꼽아왔다.[1]

하지만 여행 서적과 엽서에서 이 모자이크를 보고 멀리서 찾아온 여행객들은 원형 무덤에 들어서는 순간 실망할 수밖에 없다. 건물 안에는 작은 창문들밖에 없고 그나마 그 틈으로 들어온 빛도 바글거리는 여행객들로 인해 차단되기 일쑤이기 때문이다. "예술적으로 가장 완벽한" 모자이크, 별빛 아래 낙원의 선한 목자는 어둠의 베일 뒤에 감추어져 있다.

칠흑 같은 어두움과 밀실의 답답함을 꾹 참아내면 보상이 돌아온다. 아무런 사전 통보 없이 천장 근처의 스포트라이트가 켜져 비록 몇 초간이지만 모자이크의 무지갯빛 타일들을 환히 비춘다. 한 방문객은 그 순간을 이렇게 묘사했다. "불이 켜지면 잠깐 동안, 찰나와 같은 순간 동안(눈에 다 담을 시간이 없어 정신 없이 눈알을 굴려야 한다), 어두컴컴한 천장에 희미하게 반짝이는 거대한 별들이 코앞에서 보이는 검푸른 돔형 하늘로 변한다. 아래서 '오오!' 하는 소리가 터져 나오면 곧바로 불이 꺼지고 다시 전보다 더 짙은 어둠만 가득해진다."[2]

끝 모를 어둠이 지속되다가 몇 초간 조명이 켜지기를 반복한다. 불이 켜질 때마다 방문객들은 하늘을 조금씩 엿보며 전에 본 적이 없는 새로운 요소를 눈에 담는다. 샘물을 마시는 사슴, 과일로 엮은 관, 그 다음에는 양 떼를 향해 부드럽게 손을 뻗는 선한 목자 예수. 한 방문객은 이런 글을 썼다. "내 평생에 이렇게 장엄한 것을 본 적이 없다! 정말이지 울고 싶다!"[3]

설교의 주된 목적

우리는 어두운 세상 속에 살고 있다. 우리의 마음은 선함과 아름다움, 정의, 평화를 갈망하지만 그런 것들은 주로 악과 죄가 드리운 어둠의 뒤편에 숨겨져 있다. 이것이 복음 선포가 그토록 필요한 이유다. 하나님의 나라가 선포될 때마다 어둠이 물러가고 그 뒤편의 나라를 조금이나마 엿볼 수 있다. 이 장엄한 광경을 한번 보면 현실을 바라보는 우리의 시각이 완전히 뒤바뀌고, 그 광경을 더 보고 싶은 강렬한 갈망이 솟아난다.

　내가 처음부터 이렇게 베일을 벗겨 하나님 나라의 숨 막히는 광경을 보여 주는 것으로 설교를 이해했던 것은 아니다. 예전에는 설교의 주된 목적이 가르침이라고 생각하며 자랐다. 이런 관점에 따르면 깊은 성경 지식을 지닌 사람이 설교단 뒤에 서서 교인들에게 거룩한 진리와 기술을 가르쳐야 한다. 그러면 교인들은 이런 성경 지식의 씨앗을 머릿속에 최대한 눌러 담아야 한다. 그러면 시간이 지나 이 씨앗들이 거룩한 가치와 행동으로 싹튼다. 물론 실제로 싹이 트지 않아도 이런 접근법에 의문을 품는 사람은 별로 없는 듯하다.

　달라스 윌라드는 VIM 모델에서 영적 형성을 세 부분으로 나누었다.

　　비전(Vision)

　　의도(Intention)

　　방법(Means)

　교육적인 설교는 세 번째 요소인 방법의 범주에 들어간다. 이런 설교는 그리스도께 순종할 수 있는 방법을 가르친다. 이런 '방법론' 설교는 성경 지식을 삶에 어떻게 적용할지 조목조목 설명한다.

　나는 직접 설교단에 올라보기 전까지는 이런 '설교=교육'이라는 등식에 의문을 품어본 적이 없다. 하지만 직접 설교단 뒤에 서면 누구나 당황하게 될 것이다. 밤을 새워 설교를 준비하고 시각 자료까지 동원하고 마지막으로 요점까지 깔끔하게 정리해주었건만 대부분의 교인들은 영양가 있는 내용을 거의 삼키지 않았다. 갓난아기 때 젖당 소화불량으로 분유를 먹는 족족 토했던 우리 아들처럼 교인들은 도무지 성경 지식을 받아들일 줄 몰랐다. 그렇게 해서 어떻게 성장할 수 있는가? 어떻게 예수님의 명령을 따를 수 있는가? 답답해서 견딜 수가 없었다.

멍하니 앉아 있는 교인들에게 20-40분간 강의를 아무리 해봐도 교회당만 나가면 머릿속이 백지 상태가 되는 것이 눈에 훤히 보였다. 어느 사역자가 프리칭(preaching)이 아닌 "스피칭"(speaching)이라고 표현한 이런 설교 방식은 전혀 효과가 없었다.[4]

실제로 성인 교육 전문가들은 수동적인 배움이 좀처럼 행동을 변화시키지 못한다고 입을 모아 말한다(그리고 도무지 바뀔 줄 모르는 수많은 교인들이 이 사실을 증명해 준다). 그렇다면 교회에서 가르침을 아예 없애야 할까? 물론 아니다. 우리는 사람들에게 그리스도가 명령하신 모든 것을 지키도록 가르칠 임무를 부여 받았다. 다만 전통적인 설교 방식이 기술 훈련과 교육에 최상의 도구가 아닐 수 있다는 말이다.

하지만 궁극적으로 설교는 가르침보다는 윌라드의 영적 형성 모델에서 필수불가결한 요소인 비전을 위해 존재한다. 설교의 최종 목표는 지식의 적용이 아니라 마음의 감화다. 윌라드의 표현을 빌자면 "예수님에 따르면 사람들이 하나님의 나라에 서로 먼저 들어가려고 서로를 밟고 올라가게 되는 것은 바로 그 나라의 아름다움 때문이다."[5]

사람들은 하나님에 관한 비전(사랑, 아름다움, 정의, 그분 나라의 능력)을 얻은 뒤에야 순종을 통해 그분을 경험하기 위한 방법을 적극적으로 찾고 사용하게 된다. 영적 형성의 이 측면은 소그룹 같은 밀접한 관계를 통해 가장 효과적으로 이루어진다.

가르치기 보다는 마음을 움직이는

가르치는 설교가 아닌 감화시키는 설교는 무엇보다도 예수님 자신의 사역에서 두드러지게 나타나는 특징이다. '설교하다'에 해당하는 헬라어 '케루소'(kerusso)는 '전하다'라는 뜻이다. '가르치다'에 해당하는 헬라어(디다스코(didasko))는 따로 있다. 마가복음은 예수님이 "때가 찼고 하나님의 나라가 가까이 왔으니"라고 하시며 "하나님의 복음을 전파"하셨다고 말한다.

예수님의 설교는 계시 행위였다. 예수님은 하나님의 나라를 선포하셨다. 예수님은 사람들이 현재의 어둠 바로 뒤편에 "가까이" 있는 하나님의 나라를 볼 수 있도록 빛을 비추셨다.

예수님의 가장 유명한 설교인 산상수훈도 지식을 가르치기보다는 마음을 움직이는 데 초점을 맞추었다. 산상수훈은 하나님 나라 안에서의 삶을 생생하게 그리고 있다. 정욕이나 거짓말, 착취가 없고 사랑과 순결, 기도만 가득한 삶. 하지만

IMMEASURABLE
예수님의 가장 유명한 설교인 산상수훈은 지식을 가르치기보다는 마음을 움직이는 데 초점을 맞추었다.

그런 삶을 살기 위한 '방법'에 관한 이야기는 거의 없다. 예수님의 목적은 단순히 하나님의 나라를 보여 주는 것이다. 예수님은 하늘 아버지와 친밀하게 교제하는 삶에 관한 지극히 아름다운 비전에 환한 빛을 비추신다.

 복음서들의 앞부분에서 예수님은 새 제자들을 세상 속으로 보내 하나님의 나라를 선포하게 하셨다. 정말 이상하지 않은가? 이 어부들과 세리들은 아는 것이 별로 없었다. 실제로 뒤의 장들을 보면 그들의 심각한 무지가 적나라하게 드러난다. 당신이라면 이런 자들을 설교단에 올리겠는가?

 하지만 예수님은 그들을 '가르치도록' 보내신 것이 아니다. 그 명령은 예수님이 부활 후에 내리신 것이다. 예수님은 그들을 '전하도록' 보내신 것이다. 가르치려면 지식이 있어야 하는데, 당시 제자들은 아직 그런 지식을 갖추지 못하고 있었다.

 하지만 전하는 것은 다르다. 하나님의 나라를 선포하기 위해서는 그저 그 나라를 보고 경험한 사람들만 있으면 된다. 단순히 내 커피가 준비되었다고 선포하는 바리스타(케루소)와 그 커피를 어떤 식으로 끓였는지 전문적으로 설명해 주는 바리스타(디다스코)의 차이를 생각하면 이해하기 쉬울 것이다.

 이 차이를 이해하는 것이 매우 중요하다. 설교를 주로 가르치는 일로 보면 그것이 신학 교육을 가장 많이 받고 언변이 가장 뛰어난 사람 혼자서 하는 개인플레이가 될 수밖에 없다. 하지만 설교를 주로 하나님 날의 선포로 보면 얘기가 달라진다. 설교가 하나님의 영광스러운 통치와 그 통치 아래 있는 우리의 삶을 보여 주는 일이라면 그 일은 사역자 혼자만의 것이 아니다. 그 일은 하나님의 모든 백성, 심지어 일자무식의 어부들도 참여해야 하는 일이다.

한 사람이 아닌, 모두의 몫

갈라 플라치디아의 원형 무덤에서 다른 관광객들과 바닥따닥 붙어서 낑낑거리는 것은 그리 유쾌한 경험이 아니다. 게다가 어둠 속에서는 악취가 더 코를 찌르는 법이다. 고대 무덤의 냄새는 그냥 무덤 냄새다. 향수를 전부 부은(게다가 땀 냄새까지 진동하는) 관광객들과 밀착되어 있으면 그야말로 코가 마비된다. 다들 어둠을 향해 고개를 쭉 빼고는 어서 빛이 돌아와 시각이 후각을 압도하기만을 간절히 기도한다.

무리 중에 눈치가 빠른 사람들은 언제 빛이 돌아오는지 금세 알게 된다. 빛이 들어오기 직전에 벽에서 금속성의 "철컥" 소리가 울린다. 이탈리아 교회에는 벽에 기부 상자를 놓은 곳이 많다.

하지만 갈라 플라치디아의 원형 무덤의 금속 상자는 기부 상자 외에 또 다른 기능을 한다. 거기에 동전을 넣으면 스포트라이트가 켜진다. 어둠과 악취, 서로를 참아낸 끝에 모두가 본 장엄한 하늘의 광경은 군중 속의 누군가가 기부를 할 때만 나타난다.

설교의 목적이 하나님의 나라를 향해 빛을 비추는 것이라면 왜 우리는 그 역할을 교회 안의 단 한 사람에게로만 제한하는가? 다른 사람들도 교회 전체의 성장을 위해 상자에 동전을 넣으면 어떨까? 하나님의 통치를 직접 경험한 사람이라면 미혼모든 엊그제 술을 끊은 사람이든 어린 학생이든 상관없이 누구나 우리에게 하나님의 나라를 엿보여 줄 수 있다. 그들에게도 상자에 넣을 동전이 있다. 지식을 가르치는 일은 영적으로 성숙한 사람들의 영역일지 몰라도 하나님의 나라를 전하는 일은 모든 지체의 몫이다.

우리가 이런 철학을 실천하는 방식 중 하나는 "예배의 봉헌"(Offerings of Worship)이라고 부르는 10-15분간의 주일 모임이다. 그 시간에 원하는 교인들은 자리에서 일어나 특별한 이야기에서 기도문과 성경 구절, 찬양, 예술 작품까지 뭐든 예배로 하나님께 드리고 격려의 선물로 교인들에게 줄 수 있는 것을 나눈다.

아무도 나서지 않는 침묵의 순간은 갈라 플라치디아 원형무덤 속에서의 어두운 순간만큼이나(악취는 빼고) 어색하고 불편할 수 있다. 그러다 어느 순간, 동전이 떨어진다. 누군가가 일어선다. 그리고 갑자기 불이 들어온다.

캐시(Kathy)는 부모님이 모두 암과 사투를 벌인 과정을 설명하면서 눈물을 훔쳤다. 어린 자녀를 키우면서 노부모의 병간호까지 하려니 몸이 열 개라도 모자랄 지경이었다. 그 시기가 캐시의 인생에서 가장 힘든 시기였다. 캐시는 그 와중에도 아버지의 깊은 신앙에 큰 위로를 받았노라 고백했다.

캐시는 고통스러운 항암 치료를 받으면서도 기쁨과 평안을 잃지 않는 아버지의 모습에 언제나 자신을 곁을 지켜 주시는 예수님을 보았다. 캐시가 다시 앉자마자 빌(Bill)이 벌떡 일어섰다. "우리, 캐시 자매를 위해 함께 기도해요!" 빌을 시작으로 온 교인이 캐시를 축복하는 기도를 드렸다.

이번에는 두 번째 열에 앉아 있던 마이클(Michael)이 자리에서 일어났다. 마이클은 뼈가 쉽게 부러지는 선천성 질환 때문에 밖에서 다른 아이들과 뛰어 노는 것이 극도로 위험하다. "이번에 새로 온 마이클이에요." 마이클이 수줍은 미소를 지었다. "브래드쇼(Bradhaw) 가족과 함께 왔어요. 저희 이웃이에요. 저희 가족은 꽤 까다로울 수 있어요. 어쨌든 브래드쇼 가족을 주신 하나님께 감사해요. 저한테 정말 잘해줘요." 마이클은 브래드쇼 부부와 함께 찍은 사진을 모두에게 보여 주었다.

중년의 전문직 종사자인 폴(Paul)은 수십 년간 싸움을 해 온 중독을 고백했다. 어둠과 절망, 죄책감이 그의 영혼을 옭아맸다. 하지만 하나님과 아내, 교인들의 포기할 줄 모르는 사랑은 결국 그의 심신을 말끔히 회복시켰다. 그는 미래를 알 수 없지만 하나님이 자신을 아들로 삼으셨다는 사실을 믿기에 조금도 두려워하지 않는다.

중국에서 건너온 이민자 티머시(Timothy)는 펴진 성경책을 들고 서서 중국어로 읽기 시작했다. 물론 교인들은 아마도 알아들을 수 없었다. 그는 몇 분 뒤에 멈췄다가 다시 읽기 시작했다. 이번에는 영어였다. 억양이 강한 영어라서 처음에는 알아듣기 힘들었지만 정신을 집중해서 들어보니 시편 1편이었다. 읽기를 마친 그는 성경책을 닫았다. 그리고는 눈을 감은 채로 손을 들어 중국어로 '나 같은 죄인 살리신'을 부르기 시작했다. 2절은 전 교인이 함께 영어로 불렀다.

그 주일 내가 설교단에 서기도 전에 교인들은 살기 위해 발버둥치는 한 엄마에게 하나님의 친절을, 사회에서 무시당하는 꼬마에게 환대를, 술주정뱅이에게 치유를, 낯선 이방인에게 언어와 문화를 초월한 은혜를 보여 주었다. 교인들의 삶 속에 늘 짙게 드리워 있는 어둠의 베일이 잠시나마 걷혀 그 뒤편의 아름다움이 드러났다. 여기서 내가 무슨 말을 더 할 필요가 있을까?

그날 하나님의 나라를 '설교했던' 모든 사람과 마찬가지로, 나도 자리에서 일어나 하나님의 나라를 드러내기 위한 또 하나의 동전을 상자 속에 떨어뜨렸다. 설교단에서 나는 교인들에게 오늘도 똑같이 역사하시는 하나님을 보여 주고자 그 옛날 나타났던 하나님 역사에 관한 이야기 한 토막을 전했다.

이런 관점에서 보면 설교만이 하나님의 나라를 엿보기 위한 유일한 창문이 아니다. 예배의 다른 모든 순서가 설교 하나를 위한 들러리에 불과한 것이 아니다. 설교는 어둠의 베일을 걷고 진짜 현실을 보여 주기 위한 여러 가지 수단 중 하나일 뿐이다.

물론 내가 캐시나 마이클, 폴, 티머시보다 조금 더 준비를

했을지는 모른다. 그리고 내 내용이 좀 더 개인적인 경험보다 성경에 초점을 맞추었을 수는 있다. 하지만 내 목적도 똑같다. 내 목적도 믿음의 형제자매들이 하나님과 그분 나라의 아름다움에 도취되어 스스로 믿음과 선한 일을 향해 나아가도록 돕는 것이다.

그들은 몰랐겠지만 그들이 내게 얼마나 큰 도움이 되었는지 모른다. 많은 사역자들에게 주일 아침은 오히려 예배에 가장 집중할 수 없는 시간이다. 예배의 세세한 부분까지 신경을 쓰느라 우리 자신의 영혼이 위로를 받고 그리스도와 교제하기가 거의 불가능하다.

하지만 교인들이 하나님을 만난 이야기를 듣고 그들의 삶속에서 그분의 능력을 보며 그들의 '설교'를 통해 그분의 나라를 엿보면서 나는 다시 양으로 돌아가는 법을 배웠다.

원맨쇼를 벗어나 공동체의 목소리가 되다

예배 시간에 미리 준비되지 않은 간증을 무작위로 듣는다고 하면 많은 사역자들이 기겁을 한다. 사실, 그럴 만도 하다. 나도 당황스러운 순간이 한두 번이 아니었다. 게다가 덩치가 너무 큰 교회에서는 이런 자유로운 표현의 시간을 갖는 것이 현실적으로 불가능하다. 이것이 내가 계속해서 "적당한 크기"의 교회를 외치는 이유 중 하나다.

하지만 '설교'를 원맨쇼에서 그리스도의 몸 전체가 참여하는 활동으로 확대하기 위한 다른 방법들을 얼마든지 찾을 수 있다.

내가 설교 사역자로 시무할 당시 우리 교회는 한 명의 설교자에서 팀 방식으로 꾸준히 변화하고 있었다. 그 이유 중 하나는 실용성이었다. 멀티사이트 교회로 가기 위해 새로운 설교자들을 키울 필요성이 있었다. 하지만 팀 방식에는 이 외에도 숨은 장점들이 있었다.

공식적인 업무가 전혀 없는 흔치 않은 어느 주일, 모처럼 나는 아내와 나란히 앉아 예배를 드렸다. 그런데 부사역자가 한창 설교를 하던 중 아내가 내 쪽으로 몸을 기울여 귓가에 속삭였다.

"여보, 기분 나빠하지 말고 들어요. 론(Ron) 목사님이 설교해서 너무 좋아요."

"음, 나랑 나란히 앉을 수 있어서 좋다는 거지?"

나는 아내의 어깨에 팔을 두르며 능글맞은 웃음을 지어 보였다.

그러자 아내는 실눈을 뜨며 말했다.

"그게 아니고요, 론 목사님의 설교에서는 구원받지 못한 사람들을 진정으로 안타까워하는 마음이 느껴져요."

아내의 말이 맞았다. 론 목사는 거의 평생을 선교사로 사역해서 그런지 말 한마디 몸짓 하나에서도 선교의 열정이 묻어 나온다. 그리스도의 사랑을 알지 못하는 사람들로 인해 아파하는 마음이 절절이 느껴진다.

나는 전도에 관해 철저히 성경적으로 강해할 수 있지만 론이 말하면 더 강력한 힘이 발생한다. 빛이 더 밝게 타올라 하나님의 성품 중 이 측면을 더 온전히 비추어 준다. 론이 설교단에 오르면 온 교회가 그 어느 때보다 강한 선교의 열정으로 활활 타오른다.

신약은 그리스도가 어떤 이들은 사도로, 어떤 이들은 선지자로, 어떤 이들은 사역자로, 어떤 이들은 교사로 삼으셨다고 말한다. 또 다른 구절에서는 몸 전체를 세우기 위해 주어진 은사의 다양성을 강조한다.

따라서 교회 안에서 어느 한 사람의 은사만 표현되거나 주일 예배가 오직 교사들만의 무대가 되면 교인들이 하나님의 모든 측면을 온전히 경험할 수 없다.

교회 리더나 일반 성도나 할 것 없이 많은 사람이 사역을 설교와 동일시하고 있기 때문에 설교 시간에 급진적인 변화를 주기가 사실상 쉽지 않다. 자칫 교회가 대혼란에 빠질 수도 있다. 하지만 작은 변화들은 충분히 시도해 볼 수 있다.

존 오트버그(John Ortberg)는 교인들로 설교 준비 팀을 구성할 것을 제안한다. 그렇게 되면 사역자가 설교단에서 전하는 설교는 한 사람의 목소리가 아니라 공동체 전체의 작품이 된다.

설교 후에도 많은 기회가 있다. 많은 교회가 설교 내용을 토론하고 적용하는 모임을 진행하고 있다. 인터넷, 팟 캐스트, SNS, 블로그도 무한한 가능성의 문을 열어 준다. 나는 교회에서 이런 첨단 기술의 사용을 대체로 경계한다. 이런 것을 무분별하게 사용하는 모습을 너무도 많이 봤기 때문이다.

하지만 이 경우는 예외다. 주일 저녁에 설교 사역자가 교회

IMMEASURABLE
세상의 어두운 베일을 걷어 바로 앞에 있는 하나님의 나라를 서로에게 비추어야 한다. 이렇게 마음을 감화시킬 책임은 비단 사역자만이 아니라 하나님의 모든 백성에게 있다.

웹 사이트를 통해 오전 설교 내용으로 교인들과 토론하는 것은 매우 바람직한 모습이다. 그런 대화를 통해 교인들은 설교 내용을 더 깊이 고민하고 가슴에 새길 수 있다.

첨단 기술은 아니지만 우리 교회에서는 "설교 2소그룹"(Sermon 2 Small Group)이라고 하는 비슷한 도구를 사용했다. 매주 우리는 설교 시간에 제시한 비전을 기초로 한 가지 소그룹 커리큘럼을 만들었다.

이렇게 하면 예배 시간에는 자신이 없어서 표현을 하지 못하던 사람들도 집에 온 듯 친밀한 분위기 속에서 서로 간증을 나눌 수 있다. 그 시간에 교인들은 설교를 통해 하나님과 그분의 나라에 관한 어떤 비전을 보았는지 나누고 그 비전을 적용할 방법을 토론했다. 그리고 강림절이나 사순절, 여름 같은 때에는 부모와 자녀를 위한 비슷한 소그룹 활동을 진행했다.

라벤나의 원형 무덤 속에 서 있는 관광객들처럼 주변의 지고한 아름다움을 의식하지 못하는 교인들이 너무도 많다. 그래서 설교는 지식 전달로만 끝나서는 안 된다.

우리는 세상의 어두운 베일을 걷어 바로 앞에 있는 하나님의 나라를 서로에게 비추어야 한다. 이렇게 마음을 감화시킬 책임은 비단 사역자만이 아니라 하나님의 모든 백성에게 있다.

그리스도 몸의 모든 지체가 각자 상자에 동전을 넣어 하나님의 나라를 비출 수 있도록 설교단을 활짝 열면, 그렇게 드러난 것에 사역자와 교인들 모두 놀라게 될 것이다.

07

환경

고난의 겨울을 지나야
은혜의 봄이 찾아온다

여섯 살배기 딸은 가족 중에서 경쟁심이 가장 강한 녀석이다. 같은 발야구 팀의 다른 유치원생들은 운동장 가장자리에서 한가로이 민들레나 따고 있을 때 녀석의 머릿속은 곧 시작될 시합에서 어떻게 경기할지 온갖 작선을 짜느라 쉴 새 없이 돌아가고 있다. 일전에 녀석이 여름 뒷마당 성경 캠프에서 잔뜩 실망한 얼굴로 돌아왔다. "상대가 너무 약했어요. 시합이 아슬아슬해야 재미있는데."

어려운 도전을 찾아다니는 딸의 모습은 우리 문화 속에서 자주 간과되는 사실 하나를 보여 준다. 그것은 바로 우리가 불편한 환경 속에서만 성장할 수 있다는 사실이다. 너무 편하면 도움이 되지 않을 뿐 아니라 오히려 지독히 위험할 수 있다.

예를 들어, 최근 미국 연방 항공청의 연구에 따르면 조종사들이 사실상 스스로 날아가는 최첨단 비행기의 편안함에 취해 중요한 비행 기술을 잊어버리고 있다고 한다. 아이러니하게도 조종사들이 "자동화 시스템에 너무 많은 책임을 떠넘기면서" 안전한 자동 비행이 오히려 더 많은 사고를 유발하고 있다.[1] 그리고 보면 머지않은 미래에 나타날 자동 주행 자동차들의 전망이 그리 밝아 보이지 않는다.

성장의 도구인 불편한 환경

교회도 비슷한 딜레마에 빠져 있다는 생각이 든다. 지극히 좋은 의도로 우리는 교회를 신자들에게나 하나님에 관해 알려는 구도자들에게나 최대한 편안한 곳으로 꾸미려고 노력해 왔다. 컵 홀더가 장착된 푹신한 극장식 의자에서 세 가지 요점으로 깔끔하게 정리해서 입에 떠 넣어 주기까지 하는 설교까지, 교인들이 주일 아침에 감수해야 하는 수고는 사실상 가족들을 이끌고 교회에 오는 것뿐이다. 그렇게 해서 교회 문에 들어서기만 하면 자동 주행 모드로 전환하고 나서 마음 푹 놓고 쉴 수 있다.

우리의 목표가 사람들에게 예수님이 명령하신 모든 것을 가르쳐 지키게 하는 것이라면 주일에 교인들의 편의를 최우선으로 여기는 관행을 재고할 필요성이 있다. 최근 뇌 연구에 따르면 편안한 환경에서는 학습에 필요한 뇌의 분석적 기능이 잘 가동을 하지 않는다고 한다. 심리학자들은 뇌가 "1번 시스템"과 "2번 시스템"을 갖고 있다고 말한다.[2] 1번 시스템은 텔레비전 앞에서 빈둥거리거나 주일 아침에 편안한 좌석에 앉아 단순명쾌한 설교를 들을 때처럼 긴장이 풀렸을 때 활동하는 직관적인 기능의 시스템이다.

2번 시스템은 기존의 가정을 재고하고 개념에 의문을 던지고 새로운 행동과 믿음을 구축할 때 가동되는 분석 기능의 시스템이다. 뭔가를 제대로 배우려면 이 2번 시스템이 반드시 가동해야 한다. 연구 결과에 따르면 힘들고 불편한 상황에서도 꼭 일을 해야 할 때 뇌는 1번 시스템에서 2번 시스템으로 기어를 바꾼다.

> **IMMEASURABLE**
> 예수님은 청중이 스스로 참여하고 수고해야만 답을 얻을 수 있도록 가르침을 펼치셨다.

예컨대, 대부분의 사람들은 주변이 약간 소란스러울 때 오히려 더 잘 집중한다. 대화하는 소리가 가득한 커피숍에서 친구의 말을 꼭 들어야 하는 상황에서는 뇌가 1번 시스템에서 2번 시스템으로 전환한다. 조용한 사무실에서 만나는 것보다 약간 시끄러운 곳에서는 의도적으로 집중하기 때문에 오히려 더 잘 들을 수 있다.

물론 자동차 경기장이나 선술집처럼 소음이 너무 심한 곳에서는 바로 앞에 있는 사람의 말도 제대로 들을 수 없다. 그런 의미에서 이것은 자전거 타기와 비슷하다. 페달에서 발을 떼고 내리막길을 달리면 근육이 전혀 사용되지 않기 때문에 강화되지 않는다.

반대로, 너무 심한 경사로를 자전거로 올라가는 것은 불가능하다. 이런 경우에도 결국 근육이 붙지 않는다. 따라서 근육을 사용해야 하되 너무 심하게 사용할 필요는 없는 적절한 저항을 조성하는 것이 중요하다.

커뮤니케이션의 달인

이 점을 깨닫고 나서 내 설교 방식을 근본적으로 다시 생각하게 되었다. 예전에는 무조건 분명하고도 단순하며 이해하기 쉽게 전달하는 것이 최고라고 생각했다. 그래서 여느 설교자들처럼 교인들이 이해하기 쉽도록 파워포인트와 멀티미디어 같은 시각 자료도 적극적으로 활용했다. 하지만 과연 쉬울수록 좋은 것일까? 아니면 청중도 약간의 수고를 하도록 만들어야 할까? 그런 고민 끝에 슬라이드나 프린트물 사용을 거의 중단했다. 이제 내 설교에서 뭔가를 얻어가고 싶다면 최소한 조금이라도 스스로 노력을 해야만 한다.

예수님이 커뮤니케이션의 달인이셨다는 점에 토를 달 사람은 아무도 없을 것이다. 그런데 그분의 방식을 가만히 살펴보면 청중의 편의가 주된 고려사항이 분명히 아니었음을 알 수 있다.

사실, 예수님은 청중이 스스로 참여하고 수고해야만 답을 얻을 수 있도록 가르침을 펼치셨다. 예수님은 청중이 가르침을 이해하기 위해 깊이 고민하기를 원하셨다. 그래서 질문을 던지고 아리송한 비유 속에 가르침을 담고 자주 어수선한 환경에서 가르치셨다.

예수님의 수업은 단순명쾌하고 이해하기 쉬운 수업과는 거리가 멀었다. 지금도 복음서들에 기록된 그분의 가르침을 이해하려면 적잖은 수고(그리고 많은 은혜)가 필요하다. 예수님은 세 가지 요점으로 깔끔하게 정리된 설교를 하신 적이 없고 사도들도 마찬가지였다.

명료한 커뮤니케이션을 반대할 생각은 추호도 없다. 하지만 편안함과 쉬움을 추구하는 세상의 흐름에 무분별하게 편승하면 자칫 의도하지 않은 부작용들이 나타날 수 있다. 우리 모두는 조종사나 운전자, 운동선수처럼 난관이 전혀 없는 환경에서 번영할 수 없다. 자동 주행 장치를 끄고 스스로 자신의 여행을 해야만 진정한 성장이 찾아온다.

08

리더의 유형

성경을 사역의
기준으로 삼으라

유명 사역자들은 새로운 현상이 아니다. 리더들을 감당할 수 없는 높이까지 치켜세우는 인간 본성도 창조만큼이나 오래되었다. 요즘 새롭게 나타난 현상은 바로 유명 사역자들의 숫자와 그들이 떴다가 지는 속도다. 어느 세대에나 유명 사역자들이 있었지만 지금은 왜 그리 유명 사역자가 많은가? 특히, 책임감 없이 명성만 얻은 사역자가 왜 그리 많은가? 이 현상을 어떻게 설명해야 할까?

오늘날 사역자들의 만신전이 솟아난 데는 영적인 이유나 심리적 이유 외에 다른 이유가 있다. 경제적 요인도 작용하고 있다. 나는 이 요인을 '복음주의 사역자들의 다채로운 집합'(Evangelical Industrial Complex)이라고 부른다.

먼저 약간의 배경 설명을 해 보겠다. 1961년 아이젠하워(Eisenhower) 대통령은 고별사에서 '군산 복합체'(military industrial complex)의 의도하지 않은 부작용을 경고했다. 제2차 세계대전 당시 미국은 나치 독일과 제국주의 일본을 무찌르기 위해 국가 전체의 산업 역량을 무기 생산에 총집결시켰다. 전쟁이 끝나고 나서 많은 군수업체가 자동차와 자전거 생산으로 전환했지만 전부 그런 것은 아니다. 군사 충돌을 통해서 이윤을 창출해야만 하는 군수 산업을 역사상 처음으로 미국 내에 영구적으로 뿌리를 내렸다. 전쟁 없이는 이 기업들은 무너져 내릴 수밖에 없었다. 제2차 세계대전 당시 유럽에서 연합군을 승리로 이끌었던 전쟁 영웅 아이젠하워는 전쟁을 끝내기 위해 만들어진 업계가 이제 미국을 더 많은 전쟁으로 떠밀 것을 우려했다. 오늘날 많은 사람이 지난 60년 사이에 폭발적으로 증가한 군비와 전쟁을 돌아보며 아이젠하워의 불길한 예언을 떠올린다.

자, 아이젠하워와 군대가 유명 사역자들의 급부상 후 급몰락 현상과 무슨 상관이 있을까? 지난 70년간 미국을 지배해 온 군국주의에 경제적 요인이 한 몫을 한 것과 마찬가지로, 오늘날 유명 사역자 그룹의 부상 이면에도 경제적 요인이 있다. 유명 사역자들을 양산하는 동시에 거기에 의존하는 복음주의 사역자들의 다채로운 집합이 존재한다. 중소 교회의 사역자들을 대형 집회의 메인 스테이지에서 볼 수 없는 이유를 생각해 본 적이 있는가? 또한 왜 베스트셀러 신앙 서적의 저자들은 하나같이 대형 교회 리더들일까?

유명 사역자들의 부상과 추락

우리가 믿고 싶은 답은 이렇다. 가장 신실하고 지적이고 유능한 리더에게 자연스럽게 가장 많은 사람이 끌릴 수밖에 없다. 그래서 당연히 교회가 커질 수밖에 없다. 그 리더의 생각은 너무도 위대하고 그의 글은 너무도 탁월해서 출판사들이 앞 다투어 출간을 제의하고, 책이 나오면 무조건 베스트셀러가 될 수밖에 없다. 그리고 그렇게 대단한 사람이 대형 집회의 메인 강사로 나서는 것이 너무도 당연하다.

  이런 시나리오가 가능할까? 물론이다. 실제로 이 시나리오대로 될까? 가끔은. 대체로 이 시나리오대로 될까? 전혀 아니다.

  명예와 권력을 좇는 일부 사역자들이 보여 준 윤리적으로 의심스러운 행태 너머에는 대형 교회에서 대형 집회와 출판사로 이어지는 시장 중심의 순환이 존재한다. 이 순환이 반복적으로 내보내는 메시지는 무조건 많은 청중을 모으는 사역이 성공이라는 것이다.

  예를 들어, 오래 전 한 대형 경기장에서 열린 사역 컨퍼런스에 참석한 적이 있다. 마치 아이돌 그룹의 콘서트 장을 방불케 하는 화려한 무대에 최근 올림포스 산의 벼랑을 올라 유명 사역자들의 만신전에 합류한 인물이 단독으로 섰다. 이 젊은 사역자는 3년 전만 해도 같은 컨퍼런스에서 '삼등석'에 앉았는데 이제 (물론 자랑할 저서까지 들고)메인 스테이지에 서게 되어서 감개무량하다는 말로 설교의 포문을 열었다. 무엇이 그를 주변에서 중앙으로 이동시켰을까? 그는 교회의 폭발적인 성공으로 그 자리까지 올랐다는 사실을 거리낌 없이 인정했다.

  그가 우레와 같은 박수에 취해 있는 동안 나는 삼등석에 앉은 내 주변의 사역자들은 어떤 기분일까를 생각했다. 왜 하나님은 그 사역자의 교회에만 급성장을 허락하시고 다른 이

IMMEASURABLE

지금은 왜 그리 유명 사역자가 많은가? 특히, 책임감 없이 명성만 얻은 사역자가 왜 그리 많은가? 이 현상을 어떻게 설명해야 할까?

들의 교회는 가만히 두셨을까? 왜 그 사역자는 무명의 늪을 탈출했고 남들은 여전히 밑바닥을 기고 있는 것일까? 그 젊은 기조 연설자에게서는 전혀 찾아볼 수 없었던 성숙한 인격이나 지혜 대신 교회의 규모만 찬양하는 그 자리에서 다른 사역자들은 무엇이 사역의 성공이라는 생각을 얻고 돌아가게 될까?

복음주의 사역자들의 다채로운 집합의 진정한 위험은 미성숙하고 책임감 없는 리더들을 부상시키는 데 있지 않다. 그런 리더가 나머지 사역자들의 사역 비전을 왜곡시킨다는 것이 진정한 문제점이다. 미성숙한 슈퍼스타들은 완전히 불경한 기준에 따라 우리 자신과 우리의 소명, 우리의 사역을 평가하게 만든다. 이것이 용기와 영감을 얻고자 참석한 사역 컨퍼런스에서 오히려 회의감과 패배감에 빠져 돌아오는 사역자들이 점점 늘어나는 이유가 아닐까?

가정 교회 운동으로 부름을 받은 사역자들에게 기립박수를 보내는 사역 컨퍼런스는 어디에 있는가? 커뮤니케이션의 은사로 2백 명 남짓의 교인들에게 시기적절한 메시지를 전하는 지혜롭고도 신실한 55세의 사역자들은 어디에 갔는가? 나는 그런 목자를 자주 만난다. 하지만 사역 컨퍼런스 메인 스테이지 뒤편의 녹색 방에서는 그런 사역자를 본 적이 없다. 그런 리더라면 사역 성공에 대한 전혀 다른 비전을 제시할 것이다. 그들이라면 사역의 무게로 지친 다른 사역자들에게 용기와 위로를 전해 줄 것이다. 하지만 그들의 목소리는 복음주의 사역자들의 다채로운 집합의 경제적 요구에 부합되지 않는다. 그래서 그들은 늘 무대 아래에 머물러 있다.

복음주의 사역자들의 다채로운 집합이 악의적으로 다른 목소리들을 억압하는 것은 아니다. 단지 냉정한 손익 계산에 따라 어떤 목소리를 부각시킬지에 대한 결정이 나올 뿐이다. 하지만 복음주의 사역자들의 다채로운 집합 내의 리더들은 사업과 매출 유지를 위한 소위 객관적인 결정이 복음주의 운동 전체와 수많은 사람의 영적 삶을 병들게 만들고 있다는 점을 헤아리지 못하고 있다.

한번은 한 대규모 사역 컨퍼런스의 조직자와 이야기를 나누던 중 강연자를 어떻게 선택하는지 물어보았다. 그러자 그는 강연자의 가르침이나 교리는 별로 고려의 대상이 아니라고 털어 놓았다. 강연자 선택의 가장 중요한 기준은 바로 티켓 파워였다. 덕분에 나는 주 강사의 강연이 재미있기만 했지 내용은 심각하게 이단적이었던 컨퍼런스에 수없이 헛걸음을 해야 했다.

다른 교단들에서는 문지기 역할을 하는 권위자들이 있다. 그들은 철저히 검증된 리더들만 영향력 있는 자리에 오를 수 있도록 설교단과 강단을 철통같이 지킨다. 그들은 새 신자가 아니라 훌륭한 인품을 지닌 성숙한 사람을 리더로 임명하라는 바울의 권고를 철저히 따른다(딤전 3:1-7).

하지만 요즘 초교파가 대세인 미국 복음주의 진영에는 감독이 없다. 미디어와 서점, 컨퍼런스를 장악하고 있는 불경한 리더들의 악영향으로부터 양 떼를 보호해 줄 관리자가 없다. 우리는 교회의 계급체제를 없애는 대신 복음주의 사역자들의 다채로운 집합를 구축했다. 우리는 출판사, 컨퍼런스 조직자, 라디오 프로듀서들이 이리들로부터 양 떼를 보호해 주기를 기대했다. 우리는 미성숙하고 불경한 리더들을 걸러 내는 역할을 그들에게 믿고 맡겼다. 그리고 복음주의 사역자들의 다채로운 집합의 리더들은 그 역할을 기꺼이 수행했다. 그런 날은 끝났다.

즉각적인 커뮤니케이션을 가능케 하는 디지털 기술로 인해 출판계는 끝이 보이지 않는 혼란에 휩싸였다. 그로 인해 복음주의 사역자들의 다채로운 집합이 책을 팔고 컨퍼런스 좌석을 채워 수익을 내기가 극도로 어려워졌다. 이런 사업 존폐의 위기 속에서 복음주의 사역자들의 다채로운 집합의 관리자들은 양 떼를 돌볼 대상이 아니라 판매의 대상으로 보는 자신들의 진짜 동기를 처음으로 스스로 확인하고 있다. 수십 년 동안 복음주의의 감독 역할을 했던 그들이 이제 성직자의 가운을 벗고 속에 입고 있던 비즈니스 슈트를 드러냈다. 그렇다고 해서 기독교 미디어 종사자들 중에 방송에 내보낼 리더들의 인격을 유심히 살피는 사람들이 전혀 없다는 뜻은 아니다. 물론 그런 사람이 있다. 하지만 전반적으로 이 업계의 의사결정은 성경적인 기준이 아니라 시장의 요구에 따라 이루어진다.

모든 유명 사역자의 부상과 추락은 미국 복음주의 진영 내부에 가득한 질병의 증상일 뿐이다. 지금은 유명 사역자가 왜 그토록 많은가? 그것은 그들이 복음주의 사역자들의 다채로운 집합를 위해 막대한 매출을 일으켜 주기 때문이다. 이런 사역자들이 왜 그토록 자주 추락하는가? 그것은 복음주의 사역자들의 다채로운 집합이 어떤 리더를 밀지에 대한 결정을 성경적인 기준이 아닌 사업적인 기준에 따라 내리기 때문이다.

09

교회의 상품화
당신의 사역에 침투한
소비지상주의를 뽑아내라

나는 커피를 마시지 않지만 교회 건너편에 있는 스타벅스를 두 번째 사무실로 자주 애용했다. 퇴창 근처의 안락의자에 앉아 비싼 스타벅스 음료를 홀짝이면 그렇게 좋을 수가 없다. 그날 오후에는 오랫동안 가까이서 동역했던 교회 식구들인 그레그와 마가렛 부부를 그곳에서 만났다.

"교회를 떠나기로 했습니다." 그레그가 한참 뜸을 들이더니 그렇게 말했다.

"두 달간 교회 쇼핑을 했습니다."

교회 쇼핑. 이 악랄한 단어는 도대체 어디에서 생겼단 말인가! 나는 창문 밖으로 갭(The Gap), 바나나 리퍼블릭(Banana Republic), 반스앤노블(Barnes & Noble), 윌리엄스 소노마(Williams Sonoma) 같은 브랜드 상점 사이를 서성이는 쇼핑객들을 응시하며 잠시 상념에 잠겼다.

"교회가 싫어서 떠나는 건 아니에요." 마가렛이 충격을 완화하기 위해 남편을 거들었다.

"어린아이들을 둔 우리 가족에게는 다시 찾아볼 수 없을 만큼 좋은 교회였어요. 그런데 어느새 애들이 커서 청소년이 되었어요. 그런데 페이스 커뮤니티(Faith Community) 교회의 음악이 좋다고 하네요."

나는 평소 즐기는 크림을 넣지 않은 타조 차이 라테를 한 모금 들이켰다. 지금 와서 생각해보면 저칼로리에 무지방 얼 그레이 빅 사이즈가 더 어울리는 날이었다.

마가렛이 계속해서 말했다. "페이스 커뮤니티 교회는 우리 가족에게 안성맞춤인 곳이에요. 아무래도 아이들을 생각하지 않을 수가 없어요. 사역자님도 아이들이 중학교에 가면 이해하실 거예요."

마가렛은 그렇게 비장의 카드(아이들)을 내놓은 뒤에 다시 의자에 푹 기대어 앉았다.

"몇 년 뒤면 아이들이 출가할 텐데 그때는 어떻게 하실 건가요?" 내가 묻자 그레그가 대답했다.

"거기까지는 아직 생각해 보지 않았습니다. 어쩌면 이 교회로 돌아올지도 모르고요."

"그런 일은 없었으면 좋겠습니다."

악의로 한 말이 아니다. 물론 잠시나마 그 부부의 굳은 표정을 즐기기는 했다.

"페이스 교회에 완전히 정착하셨으면 좋겠습니다. 그곳에서 좋은 사람들을 만나시고 좋은 재능으로 하나님의 일을 열심히 하십시오. 또 다시 그 교회를 떠나는 일이 없도록 말이에요. 한 교회에 충성할 때 가장 많이 성장할 수 있다고 생각합니다."

우리는 한 시간 남짓 그 부부의 결정에 관해 고통스럽지만 유익한 대화를 나누었다. 마지막으로 나는 두 사람을 위해 기도해주고 창문가의 의자에 앉아 두 사람이 범퍼에 반짝이는 물고기 스티커를 붙인 SUV를 몰고 떠나가는 모습을 물끄러미 쳐다보았다.

교회를 쇼핑하다

어느 사역자에게나 이런 순간이 있다. 개중에는 털어 놓기 창피할 만큼 이런 일을 자주 겪는 사역자들도 있다. 이것이 소비지상주의 시대에 사역에 발을 들여 놓은 이들이 치러야 할 대가다.

우리는 하나님이 아닌 물질을 삶의 중심에 놓는 우상화의 위험으로만 소비지상주의를 경계하는 경향이 있다. 하지만 이것은 소비지상주의의 진정한 힘을 놓치고 있는 것이다. 내가 진정으로 걱정하는 것은 단순히 물질에 의존하는 태도가 아니다. 심지어 소비 자체도 문제가 아니다. 사실, 인간이 생존하려면 물질을 소비할 수밖에 없다. 문제는 살기 위해서 소비하는 것이 아니라 소비하기 위해서 사는 것이다.

우리는 주로 소비를 통해 관계와 행동을 정의하는 세상 속에서 살고 있다. 철학자 보드리야르(Baudrillard)에 따르면 소비는 하나의 의미 체계다.[1] 우리는 어떤 상품을 구매하느냐에 따라 자신과 남들의 가치를 가늠한다. 우리의 정체성은 우리가 입는 옷, 우리가 모는 차, 우리가 듣는 음악에 따라 결정된다. 요컨대, 우리의 가치는 딱 우리가 소비하는 제품과 서비스만큼이다.

IMMEASURABLE

소비는 하나의 의미 체계다.1 우리는 어떤 상품을 구매하느냐에 따라 자신과 남들의 가치를 가늠한다. 정체성은 입는 옷, 모는 차, 듣는 음악에 따라 결정된다. 우리의 가치는 딱 우리가 소비하는 제품과 서비스만큼이다.

이것이 현대인들의 첫번째 여가 활동이 쇼핑인 이유를 설명해 준다.[2] 오늘날 쇼핑은 한때 종교의 전유물이었던 역할을 감당하고 있다. 즉 이제 쇼핑이 우리에게 의미를 주고 우리의 정체성을 형성한다. 피트 워드(Pete Ward)는 "(소비지상주의가)의미의 근원으로서 전통적인 기독교 복음을 대신하고 있다"[3]라고 정확히 지적했다. 소비지상주의는 이제 하나의 경제관이 아닌 세계관으로 자리를 잡았다. 이제 우리는 하나님과 복음, 교회를 비롯해서 모든 것을 이 틀을 통해 해석한다.

기독교를 하나의 삶의 방식이요 믿음과 가치의 집합으로 보지 않고 소비품으로 보면 기독교는 우리가 갭, 애플, 스타벅스처럼 자신의 정체성을 표현하기 위해 소비하는 브랜드 중 하나가 된다.

그렇게 예수 그리스도의 지위를 주님에서 단순한 상표 중 하나로 끌어내리면 크리스천 삶은 더 이상 순종과 선행의 삶이 아닌 기독교 상품과 경험(음악과 책, 티셔츠, 컨퍼런스, 장식품)의 끝없는 소비로 변질될 수밖에 없다.

거듭난 신자를 자처하는 사람들 중에 세상 사람들과 전혀 다를 바 없이 사는 사람들이 그토록 많은 현실의 이면에는 기독교를 세계관이 아닌 브랜드로 취급하는 태도가 도사리고 있다. 바나 그룹의 조사에 따르면, 대부분의 교인들은 성경적 세계관을 선택하지 않고 있다. 그들은 거듭나지 않은 소비지상주의적 정체성의 범퍼에 '예수 물고기'만 붙인 사람들에 불과하다. 마크 리들(Mark Riddle)은 이러한 현상에 대해 말했다.

> "현대인들에게 회심은 그저 쇼핑몰에서의 쇼핑을 … 기독교 서점에서의 쇼핑으로 대체한 것에 불과해 보인다. 우리는 덜 채워진 소비 욕구를 풀 대상으로 하나님의 상점을 선택했다. 거기서 우리는 예수의 이름으로 사무용품을 구입한다."

그날 스타벅스에서 그레그 부부와 대화할 때 어떻게 해서 페이스커뮤니티교회를 새 교회로 정하게 되었는지를 물었다. 그 결정을 놓고 온 가족이 함께 기도했는가? "아니요." 옳은 결정을 내리기 위해 소그룹 식구들에게 조언을 구했는가? "아니요." 그 교회의 교리나 역사, 사역 철학을 조사해 봤는가? "아니요." 단지 좋다는 것 말고 다른 이유가 있는가? "아니요."

이런 결정을 어떻게 해석해야 할까? 그레그와 마가렛 부부는 소비지상주의에 깊이 물들어 있기 때문에 개인적인 욕구의 만족이 최고의 선이라는 세상의 메시지를 아무런 여과 없이 받아들이고 있었다. 그 결과, 그들은 신앙 공동체나 성경, 성령을 통해 자신들의 욕구가 옳은지를 점검하지 않고 무조건 가족의 입맛에 맞는 교회를 선택했다. 이렇듯 소비지상주의 안에서 옳지 않은 욕구는 없다. 단지 충족되지 않은 욕구만 있을 뿐이다.

욕구를 양산하는 사회

물론 사람들이 항상 이렇게 살았던 것은 아니다. 소비자들은 그들이 사는 제품과 마찬가지로 태어난 것이 아니라 만들어진 것이다. 산업혁명과 함께 대량생산 시대가 오면서 전에는 상상도 못했던 물량의 제품이 세상에 쏟아져 나왔다. 시장에 필요한 것보다도 훨씬 많은 물량이 생산되었다. 그로 인해 제조업체들은 자기 제품의 수요를 인위적으로 끌어올릴 방법이 절실해졌다. 그렇게 해서 탄생한 것이 광고다.

광고는 전혀 필요하지도 않은 물건에 마음을 빼앗기게 만드는 자본주의의 선지자가 되었다. 광고는 물건을 사는 사람들에게 더 많은 안락과 지위, 성공, 행복, 심지어 더 많은 섹스까지 약속했다. 1879년 한 신문 독자는 과거에는 우리가 "꼭 필요한 물건이 생기기 전까지는 (광고를) 건너뛰었는데 요즘에는 무엇을 사고 싶은지 알아내기 위해 읽는다"[5]라고 말했다.

〈뉴욕 타임스〉에 따르면, 매일 우리는 구매욕을 자극하는 3,500개의 광고에 노출된다. 클릭 한 번으로 행복을 얻을 수 있다고 약속하는 광고가 매일 3,500개씩이라니. 로드니 클랩(Rodney Clapp)은 이렇게 말한다.

"세상은 소비자에게 불만족을 가르친다. 소비자는 절대 만족할 줄 모른다. 최소한 오랫동안 만족하지 않는다. 세상은 소비자에게 사람들이 기본적으로 채워지지 않은 필요들로 이루어져 있고, 상품화된 제품과 경험을 통해서만 그 필요를 채울 수 있다고 가르친다."[6]

이렇게 욕구를 양산하는 사회는 탐닉의 문화를 만들어 냈다. 소아비만, 문란한 성생활, 천정부지로 치솟는 신용카드 빚은 그런 문화의 몇 가지 증상에 불과하다. 절제력 부족이 늘 인류를 괴롭혀오긴 했지만 역사상 처음으로 아예 그것에 의존하는 경제 시스템이 탄생했다. 1955년 한 성세악자는 말했다.

"막대한 생산을 일으키는 우리 경제는 … 소비를 곧 삶으로 여기고, 제품 구매와 사용을 종교 의식으로 격상시키며, 소비에서 영적 만족과 자아의 만족을 추구하는 사회를 요구한다."[7]

소비 경제가 얼마나 심해졌냐 하면, 사람들이 욕구를 억눌러 필요한 것만 소비하면 문명이 무너질 지경까지 이르렀다. 이런 사태를 막고자 개인의 욕구 만족은 신성불가침의 영역이 되어 버렸다. 제2차 세계대전 당시만 해도 정부는 전쟁에 필요한 특정 제품들의 민간 소비를 심하게 제한했다. 하지만 9·11 사태 이후로 정부는 우리의 자기탐닉적인 라이프스타일을 조금이라도 희생하는 것이 곧 "테러리스트들이 이

기도록 놔두는" 것이라는 메시지를 반복적으로 내보내고 있다. 소비지상주의 문화에서는 욕구의 충족이 최고의 선이요 최종적인 선택 기준이 되었다. 심지어 어디서 예배를 드릴지 결정할 때도 욕구의 충족이 가장 중요한 고려사항이다.

소비지상주의에 물든 사역을 반성하다

이런 소비지상주의의 기본 가치가 전통적인 기독교와 배치되는 것은 너무도 자명한 사실이다. 성경은 개인적인 욕구의 끝없는 추구가 아닌 자족과 절제를 옹호한다.

안타깝게도, 이런 가르침이 세상에서 점점 외면을 받게 되면서 교회 주식회사도 이런 가르침을 펼쳐지고 본을 보이는 일을 점점 소홀히 하고 있다. 사실, 많은 교회가 사람들을 끌어 모으기 위해 오히려 욕구를 부추기는 소비지상주의의 마케팅 기법을 차용하고 있다.

이런 현실 앞에서 나를 비롯한 사역자와 교회 리더들은 우리도 소비지상주의에 많이 물들었음을 깨닫고 반성해야 마땅하다. 《미국 종교 시장에서의 승자와 패자》(The Churching of America, 1776-1990)의 공동 저자 로저 핑크(Roger Finke)와 로드니 스타크(Rodney Stark)는 미국에서의 사역이 주로 자본주의를 모델로 하여 사역자는 판매원이 되고 복음 전도는 마케팅 전략이 되었다고 주장한다. 이런 경제적 사역관에 빠진 사역자들은 이것이 기독교 역사에서 얼마나 유례가 없는 상황인지를 전혀 인식하고 못하고 있다.

핑크와 스타크에 따르면 미국 교회가 소비자 중심의 모델을 채택한 것은 수정헌법 제1조(First Amendment)에서 국교를 금했기 때문이다. 그로 인해 신앙은 상품을 구매하는 것처럼 개인적인 선택의 문제가 되었다. 이렇게 "종교 단체의 가입이 선택의 문제인 곳에서는 종교 단체들이 가입자를 유치하기 위해 경쟁해야 하며 … 시장의 '보이지 않는 손'은 무능한 영리 회사만큼이나 무능한 종교 회사들을 용서하지 않는다."[8]

이것이 기업 모델과 마케팅 전략, 세속적인 비즈니스 가치들이 미국의 사역 현장에 깊이 파고든 이유를 설명해 준다. 지금 우리는 다른 교회들과 치열한 생존 경쟁을 벌이고 있다. 우리는 종교 시장의 소비자들에게 우리의 교회가 적절하거나 편안하거나 재미있다는 점을 증명해 보여야 한다. 그리고 사람들이 원하는 기능과 서비스를 제공해서 다른 교회들과 차별화를 이루어야 한다. 결국, 소비문화에서는 그리스도가 아니라 고객이 왕이다.

그레그와 마가렛 부부를 만나기 위해 스타벅스에 도착했을 때 먼저 음료를 주문하기 위해 카운터로 갔다. 스타벅스 매장의 벽에 붙은 메뉴가 간단해 보이는 것은 우리만의 착각이다. 예전에는 커피를 주문할 때 그저 레귤러이냐 디카페인이냐, 블랙이냐 크림과 설탕을 넣느냐만 선택하면 끝이었다. 오늘날 스타벅스에서는 말 그대로 8만7천 가지 조합의 음료를 판매한다. (물론 자신의 정체성을 표현하기 위해서 커피가 아닌 차만 마시는 사람들에게는 종류가 훨씬 줄어들지만 말이다)

그레그와 마가렛 부부는 각자 고른 음료를 마시면서 페이스커뮤니티교회가 토요일과 주일, 이렇게 이틀에 걸쳐 다양한 시간에 예배를 드리기 때문에 자신들의 바쁜 스케줄에 맞춰 예배를 고를 수 있어서 좋다는 점을 설명했다. 그에 반해 우리 교회는 겨우 세 번의 예배를 드리고, 그것도 모두 주일 아침에만 몰려 있었다. 주일학교에는 드러머인 그 부부의 아들이 연주할 수 있는 찬양 팀이 여럿 있었다.

하지만 학생부에는 하나밖에 없었다. 게다가 페이스커뮤니티교회는 우리 교회보다 "훨씬 더" 크기 때문에 그들 부부로서도 누릴 것이 많다고 했다. 아이러니하게도, 그들 부부는 수년 전 더 작은 교회에서 우리 교회로 왔다. 결국 어차피 떠날 사람들이었던 셈이다.

선택을 요구하는 사회적 흐름

소비지상주의의 핵심 가치 중 하나는 선택권이다. 선택사항이 하나씩 늘어날 때마다 쇼핑객들이 자신만의 정체성을 구축하기가 그만큼 더 좋아진다. 개인이 원하는 유일무이한 제품을 주문해서 만들어 주는 맞춤화는 소비자들을 위한 선택사항을 끊임없이 늘리는 무한경쟁을 가져왔다.

CD에서 다운로드할 수 있는 음악 파일로 이동한 음악업계만큼 이런 추세를 잘 보여 주는 분야도 없다. 이제는 한 곡을 듣기 위해 음반 전체를 살 필요가 없다. 심지어 레코드 가게에 갈 필요도 없다. 이제는 수만 가지 음악 중에서 즉석에서 원하는 음악만 골라 자신만의 플레이 리스트를 만들 수 있다.

더 많은 선택사항을 요구하는 사회적 흐름은 현대 대형 교회 현상도 만들어 냈다. 아주 큰 교회들이 다른 나라에도 있지만 미국의 대형 교회는 세계 어디에서도 짝을 찾아보기 힘들다. 주로 가정 교회들의 네트워크인 아시아나 남미의 대형 교회와 달리, 미국의 대형 교회들은 극장 겸 예배당, 식당 겸 교제실, 교육관 겸 놀이동산을 갖춘 거대한 건물들이다. 그렇게 지은 목적은 간단하다. 종교 소비자들에게 가능한 많은 선택권을 주기 위해서다.

예를 들어, 요즘은 "영상 예배실"(video venues)이라고 부르는 곳들을 갖춘 '멀티사이트' 모델의 디지털 버전까지 나왔다. 한 가족이 주일 아침에 교회에 도착하면 각자 자신의 취향에 맞는 영상 예배실을 선택할 수 있다.

할머니는 전통적인 예배를 드리는 곳에서 옛날 찬송가를 부르고, 아빠와 엄마는 예배 카페에서 커피와 케이크를 즐기고, 십대 자녀들은 락 예배실에서 귀청이 떨어지는 식이다. 가족의 화합과 공동체의 연합이라는 소중한 가치는 개인의 선택을 외치는 소비지상주의의 가치에 뒷전으로 밀려나고 있다.

"이런 교회 방식은 선택의 자유와 다양성을 찬양하는 곳에서 탄생했습니다." 한 저널리스트가 그렇게 말하자 이런 모델을 채택한 교회의 사역자가 이렇게 맞받아쳤다.

"저는 소비자 중심의 태도를 전혀 부끄러워하지 않습니다.

사람들을 전도하기 위한 도구로 사용하는데 무슨 문제입니까?"[9]

라떼 주문과 음악 다운로드, 하나님을 예배하는 것에 있어 소비자들은 언제나 선택권을 요구한다. 하지만 선택권이 무조건 좋은 것은 아니다. 성경과 옛 성도들의 지혜에 따르면 뭐든 원하는 대로 갖게 되면 그리스도를 닮아갈 수 없다. 과거에는 선택권을 크리스천의 권리로 보지 않았 않았다. 오히려 영적 스승에 대한 복종이나 공동체의 유익을 위해 선택권을 포기하는 것을 그리스도 안에서 성장하기 위한 필수조건으로 여겼다.

목자들은 훈련과 징계로 교인들을 이끌었는데, 원하는 대로 선택하게 놔두면 고된 훈련과 고통스러운 징계를 선택할 사람은 아무도 없다. 하지만 통제권을 내려놓으면 단순히 우리가 원하는 것이 아니라 그리스도 안에서 성숙해지기 위해 필요한 것을 받을 수 있다.

하지만 소비자 중심의 기독교에서 사역자들은 각자 기호에 따라 선택할 수 있도록 다양한 영적 상품과 서비스를 제공하는 종교적 바리스타다. 그런 사역자의 주된 관심사는 교인들이 성숙해지는지가 아니라 만족하는지다. 그런 만족도는 주로 출석수와 헌금 액수로 판단한다. 불만족한 교인은 불만족한 소비자처럼 다른 곳에서 만족을 찾는다. 한 교회 주식회사의 사역자는 흥분한 목소리로 이렇게 말했다.

"모두 한 곳에 섞여서 드리는 예배의 문제점은 절반의 사람들만 절반의 시간 동안 만족한다는 겁니다. 하지만 영상 예배실을 운영하면 '이 예배 스타일이 마음에 드시지 않으면 한번 다른 스타일을 시도해 보세요'라고 말할 수 있습니다."

비극도 이런 비극이 없다

아이러니하게도 교회 주식회사를 탄생시킨 선택에의 요구가 궁극적으로는 교회 주식회사를 멸종시킬지도 모른다. 조지 바나(George Barna)의 책 《레볼루션 교회 혁명》(Revolution)에 따르면 2백만 명의 미국인이 더 이상 기존 교회들이 제시하는 선태사항들에 만족하지 않는다고 한다. 이제 그들은 "점점 늘어나는 선택사항들 중에서 원하는 것들만 쏙쏙 골라 세상 어디에도 없는 자신만의 '교회' 직물을 짜낸다."[10]

새로운 종족의 기독교 소비자들은 자신만의 플레이리스트를 만들 듯 자신만의 제자 훈련 프로그램을 만들어 낸다. 이를테면 크리스천 친구들에게서 위로와 격려를 받고 기독교 콘서트에서 예배와 찬양을 드리고 팟 캐스트로 설교를 듣고 캠퍼스 사역 단체에서 전도 훈련을 받는다. 한편, 우리가 알던 교회는 레코드판과 CD처럼 기억 속으로 사라진다.

궁극적으로 가장 큰 걱정거리는 소비지상주의로 인한 교회의 몰락이 아니라 하나님 자신의 상품화다. 산업혁명 이전에는 음식이며 옷과 도구, 가구까지 거의 집에서 직접 만들거나 동네 사람들이 만들어 주었다. 그래

IMMEASURABLE

교회는 종교 소비자들에게 영적 제품과 서비스를 제공하기 위해 존재하지 않는다. 하나님은 우리의 욕구를 충족시키기 위해 존재하는 상품이 아니다.

서 물건 하나마다 이야기가 있었고 사용자는 제작자의 이름을 알고 있었다. 흔들의자는 단지 편안해서가 아니라 옆집 존 아저씨가 만들어 주었기 때문에 가치가 있었다.

스타벅스에서 차를 즐기고 있는 지금, 나는 애용하는 이 안락의자를 누구 만들었는지 찻잎을 누가 키웠는지 컵을 누가 디자인했는지 전혀 알지 못한다. 카운터 뒤에서 컵에 뜨거운 물을 붓고 있는 코걸이를 한 남자도 전혀 알지 못한다. 소비지상주의는 우리가 매일 사용한 물건들에서 그 배경을 떼어냈다. 이제 물건들에는 이야기가 없다. 이제 물건들은 나를 위해 소비된다는 점 외에 아무런 가치가 없다.

이런 소비주의 세계관이 의자와 티백보다 훨씬 더 귀한 하나님의 피조물을 상품화하고 있으니 참으로 비극이 아닐 수 없다.

예를 들어, 성은 포르노와 인신매매를 통해 상품화되고 있다. 인간을, 더 이상 원하지 않으면 가차 없이 버리는 자기만족의 대상으로 취급하는 세상이다. 낙태를 통해 생명도 상품화되고 있다. 아직 태어나지 않은 태아의 가치는 철저히 엄마가 결정한다.

우리 사회에서 대상이 가지는 유일한 가치는 내가 부여하는 가치다. 상품은 내 욕구를 충족시키고 내 니즈를 채우기 위해 존재할 뿐, 그 이상도 이하도 아니다. 소비지상주의 문화 속에서 물건이나 사람이나 할 것 없이 이런 식으로 취급하는 태도가 우리 안에 깊이 뿌리를 내렸다. 그러니 하나님도 우리를 위해 뭔가를 해 주지 않으면 즉시 무가치한 대상으로 분류될 수밖에.

저명한 종교 사회학자 크리스천 스미스(Christian Smith)는 미국 십대의 영적 삶에 관한 연구로 많은 주목을 받았다. 그는 복음주의 교회를 다니는 십대들을 비롯해서 대다수 십대들의 신앙이 도덕적 치료적 이신론(Moralistic Therapeutic Deism, MTD)이라는 결론을 내렸다. 그의 설명을 들어 보자.

> "도덕적"이라 함은 착해지려는 경향을 있다는 말이다.
> "치료적"이라 함은 자신의 행복이 주된 관심사라는 말이다. … 하나님을 영화롭게 하고 순종을 배우고 남들을 섬기는 것이 우선이 아니다.
> 마지막으로 "이신론"은 하나님을 좀처럼 우리의 삶에 관여하지 않고 멀리 떨어져 지켜만 보시는 분으로 보는 시각을 말한다. … 단지 문제가 생길 때만 해결해 줄 하나님을 필요로 한다. … 다시 말해, 하나님은 신적 집사와 우주적 치료사의 두 가지 기능을 동시에 수행한다.[11]

스미스는 대부분의 십대들이 하나님을 이런 이기적인 관점으로 보는 것은 바로 어른들이 그렇게 때문이라는 사실을 발견했다.

이런 소비지상주의의 신은 성경에 묘사된 소멸하는 불을 조금도 닮지 않았다. 사람들은 예수님을 믿는다고 말하지만 희생을 요구하고 이생의 고난을 약속하며 자신의 영광을 위해 순종을 요구하는 구닥다리 신, 칼 바르트가 "절대 타자"(wholly other)로 묘사한 신은 그들의 머릿속에 없다. 그들이 생각하는 예수님은 단지 티셔츠와 자동차 범퍼만 장식하고 있는 신이다.

그날 스타벅스에서 그레그 부부와 대화하면서 느꼈던 분노는 곧 사라졌다. 우리 교회의 많은 교인들처럼 그들도 단지 배운 대로 했을 뿐이다. 그들에게 화를 내는 것은 물고기에게 헤엄을 친다고 화를 내는 격이다. 소비주의 문화에 깊이 물든 그레그 부부는 소비자처럼 살고 있다. 신앙생활을 포함한 모든 결정을 개인적인 욕구와 편의를 기준으로 내리고 있다.

모든 잘못은 나 자신에게 있다. 그레그와 마가렛 부부가 우리 교회의 울타리 안에 있을 때 소비지상주의의 핵심 가치들이 크리스천 삶과 어울리지 않는다는 점을 제대로 가르쳤어야 했지만 그러지 못했다.

우리 욕구의 충족은 삶의 목표가 아니다. 교회는 종교 소비자들에게 영적 제품과 서비스를 제공하기 위해 존재하지 않는다. 그리고 하나님은 우리의 욕구를 충족시키기 위해 존재하는 상품이 아니다.

내가 그레그와 마가렛 부부를 제대로 이끌지 못한 것은 어쩌면 내 자신도 소비지상주의에 꽤 물들었기 때문일지 모르겠다. 나도 마케터와 세일즈맨, 영적 바리스타 노릇을 하느라 바빠 매일 사방에서 양의 탈을 쓰고 달려드는 3,500마리의 늑대로부터 그레그와 마가렛 부부를 보호하지 못한 것은 아닐는지.

이유야 어쨌든 내가 실패한 탓에 본의 아니게 그 책임을 다른 초장의 목자들에게 떠넘기게 되었다.

10

첨단 기술

욕심을 비우고 아날로그적 성육신 사역에 집중하라

우리 가족은 디즈니월드의 신데렐라 성 앞에서 수많은 인파 사이에 끼어 있었다. 신나는 음악이 울려 퍼지자 다들 흥에 겨워 자리에서 방방 뛰었다. 불꽃놀이가 밤을 낮처럼 밝혀 주었고, 빔 프로젝트로 쏜 이미지들로 신데렐라 성 전체가 되살아났다. 나의 휘둥그레진 눈은 위아래 좌우로 정신없이 돌아갔다. 성 주변의 분위기가 한껏 고조되었다.

내 평생에 이보다 더 신나고 흥미진진한 광경은 본 적이 없었다. 하지만 모두가 흥겨워하는 것은 아니었다. 내 옆에 서 있는 열 살쯤 된 꼬마는 주변에 가득한 빛과 소리, 색깔의 허리케인을 전혀 의식하지 못하는 듯 오로지 코앞의 스크린만을 두드리고 있었다. 그의 몸은 디즈니월드에 있었지만 그의 정신은 픽셀로 이루어진 비물질적인 세상을 헤매고 있는 것 같았다.

문득 주변을 둘러보니 눈앞의 장관이 아닌 스크린에만 시선을 고정한 아이들, 그리고 부모들이 꽤 많았다. '이런 진풍경으로도 저들의 시선을 사로잡을 수 없다면 그 무엇으로도 역부족이겠군.'

퍼뜩 우리가 탈육신의 시대에 접어들었다는 사실이 실감

이 갔다.

첨단 사역, 아날로그식 성육신 사역

예수님이 우리 가운데 거하기 위해 오셨을 때 사도 바울은 "자기를 비워" 육신을 입으셨다고 말했다. 이는 예수님이 육신을 입기 위해 편재와 같은 신의 속성 중 일부를 기꺼이 버리셨다는 뜻이다. 성경은 하나님은 영이시기 때문에 그 무엇의 제약도 받지 않으신다고 말한다. 그래서 다윗은 이렇게 말했다.

"여호와여 … 주의 앞에서 어디로 피하리이까?"(시 139:1, 7절)

하지만 육신을 입은 뒤로 예수님은 모든 곳에 계실 수도, 모든 것을 하실 수도, 모든 사람과 동시에 상호작용하실 수도 없게 되셨다. 그분은 육체의 한계를 받아들이셨다. 이처럼 성육신에는 필연적으로 제약이 따를 수밖에 없다.

하지만 첨단기술은 우리에게 편재의 환상을 심어 준다. 첨단기술은 육체의 한계를 넘어 어디로도 순간 이동할 수 있게 해 주기 때문이다. 나는 길게 늘어선 줄의 지루함을 순식간에 탈출해 먼 곳에 있는 친구에게 문자를 보낼 수 있다. 아니면 지난밤 시카고 불스 경기의 하이라이트 시청으로 무료함을 달랠 수도 있다. 호주머니 속의 내 램프 요정 덕분에 더 이상 눈앞의 사람이나 현실과 씨름할 필요가 없다.

휴대폰은 우리에게 육체를 탈출할 수 있는 신적 능력을 주는 일종의 신이 되었다. 하지만 그로 인해 우리가 인간성을 잃어가고 있는 것은 아닐까?

> **IMMEASURABLE**
> 예수님의 도를 배운다는 것은 육신의 한계를 받아들인다는 뜻이다.

이것은 말씀을 전하는 사역자들에게 특히 뿌리치기 힘든 유혹이다. 우리에게는 하나님께 받은 선교의 사명이 있다. 그 사명을 이루기 위해서라면 신적인 첨단기술은 물론이고 뭐든 이용해야 하지 않는가?

첨단기술은 우리가 육신을 입은 사역자로서 할 수 있는 것보다 더 많은 사람을 더 쉽게 전도할 수 있다고 약속한다. 과거의 아날로그식 성육신 사역은 느렸다. 직접 만나서 얼굴을 맞댄 자리에서 말이 전달되었다. 목자가 양 떼의 영혼을 돌보기 위해서 직접 찾아가는 수밖에 없었다. 이 얼마나 구식인가!

디지털식 탈육신 사역의 탄생 덕분에 마침내 사역을 산업화할 수 있게 되었다. 이제는 텔레비전 전도자만이 아니라 누구나 스크린을 통해 수많은 사람에게 영향력을 미치고 복음을 전할 수 있다. 이제 언제 어디서나 익명의 양들과 소통할 수 있는 블로그와 트위터, 라이스 스트리밍을 통해 제자를 대량생산할 수 있다.

탈육신 사역은 훨씬 더 깔끔하고 효율적이며 비교할 수 없을 만큼 더 효과적이다. 예수님을 통해서는 말씀이 육신이 되었고 수세기 동안 교회가 그 패턴을 따랐지만 우리 세대

IMMEASURABLE

우리는 어디에나 있고 모든 것을 하고 모든 사람과 상호작용할 욕심을 비우고 바로 눈앞에서 펼쳐지는 구속의 장관에 온전히 집중해야만 한다.

는 마침내 말씀을 성육신의 필연적인 한계에서 해방시켰다. 그러니 주님이 우리에게 감사해야 마땅하다.

훨씬 더 효과적인 이 방식의 유일한 걸림돌은 자신의 육체를 버리기를 한사코 거부하는 자들이다. 예를 들어, 몇 년 전 나는 원수를 용서하라는 내용의 설교를 했다. 그런데 꽤 앞자리에 앉아 설교 내내 괴로워하는 한 여인이 눈에 들어왔다. 남편은 그녀의 어깨에 팔을 두르고 끊임없이 위로하고 있었다(내가 영상으로 설교를 했다면 그녀를 아예 보지도 못했을 것이다).

예배가 끝나고 나는 그녀에게 찾아갔다. (또 다른 성육신 사역의 기회) 이야기를 들어보니 괴한이 집에 침입해 그녀를 폭행했다고 했다. 범인은 잡혀서 감옥에 들어갔지만 그녀가 받은 감정적인 상처와 육체적 상처는 고스란히 남아 있었다. "과연 제가 그를 용서할 수 있을까요?" 나는 그녀와 남편의 손을 꼭 잡고 함께 기도했다.

그때 문득 악이 우리의 육신과 영을 가리지 않고 공격한다는 생각이 들었다. 그런데 그런 악을 이겨야 할 우리가 어찌 육신과 영을 구분할 수 있는가?

예수님은 영과 정신, 육체까지 우리의 모든 부분을 구속하기 위해 성육신하셨다. 그분의 이름으로 하는 사역도 똑같이 해야 한다. 예수님의 도를 배운다는 것은 육신의 한계를 받아들인다는 뜻이다.

다시 말해, 우리는 어디에나 있고 모든 것을 하고 모든 사람과 상호작용할 욕심을 비우고 바로 눈앞에서 펼쳐지는 구속의 장관에 온전히 집중해야만 한다.

Part 3

하나님의 '일'이
아니라
하나님과 '함께'하다

01

사회 참여

한 손에는 복음, 한 손에는 사회 정의를 들고 화해를 선포하라

산업화는 분업화 덕분에 가능하다. 헨리 포드(Henry Ford)의 조립 라인을 생각해 보라. 여러 기술을 동시에 지닌 자동차 생산 기술자를 찾기란 쉽지 않다. 그래서 포드는 값싼 미숙련 노동자들을 고용해서 각 사람이 한 가지 직업만 반복적으로 수행하게 만들었다. 제품을 부품들로 나눈 결과, 더 많은 제품을 더 효율적으로 생산할 수 있었다.

당신이 속한 진영은 어디인가

이런 분업화는 교회 주식회사 내에서도 찾아볼 수 있다. 사실, 우리 안에는 하나님의 나라와 선교의 충만함을 받아들이지 않고 자꾸만 부품들로 나누어 자동화하려는 본능적인 성향이 있다. 그러고 나서 그런 부품 중 무엇이 가장 중요한지를 놓고 툭하면 입씨름을 벌인다. 이런 논쟁의 대명사는 바로 요즘 하루가 멀다 하고 벌어지는 전도와 사회 정의에 관한 논쟁이다.

양 진영에서 컨퍼런스 강단과 블로그, 심지어 사역 잡지의 페이지들을 통해서도 매일같이 거센 목소리를 내고 있어, 이

IMMEASURABLE

화해를 선포하는 일과 그것을 행동으로 증명해 보이는 일 모두 하나님이 종들에게 주신 일이다.

문제를 그냥 간과할 수는 없다. 한쪽 진영은 1세기 전 근대주의-근본주의 논쟁(Modernist-Fundamentalist Controversy)의 와중에 사회 정의가 복음 선교로부터 분리되는 불상사가 일어났다고 주장한다. 그들은 하나님이 하나로 묶으신 것을 우리가 제멋대로 분리했다고 성토한다.

반대 진영의 목소리들은 세상에 고통이 가득한 현실과 평화를 추구할 필요성을 인정하면서도 그것으로 인해 영원한 구원에 차질을 빚어서는 안 된다고 주장한다. 그들은 사회 정의가 복음의 부수적인 요소일 뿐 핵심은 아니라고 믿는다. 그들은 이 점을 확실히 구별하지 않으면 교회가 신학적 자유주의의 오류로 흐를 수 있다며 깊은 우려를 표시하고 있다. 교회 주식회사에서 정의는 제자를 생산하는 조립라인 위에 놓인 부속품은 될 수 있을지언정 전도의 차체가 될 수는 없다.

다양한 사역자 포럼에서 이런 논쟁을 목격할 때마다 의아한 점은 역사 전체나 세계 전체를 바라보는 시각이 전혀 결여되어 있다는 사실이다. 우리는 이것을 순전히 현대, 그리고 주로 미국 내의 문제로만 인식하는 경향이 있다. 그리고 정의를 복음주의의 감옥에서 구해 냈다고 자화자찬하는 우리 젊은 세대의 리더들에게서 독선의 냄새가 지독하게 풍긴다. 우리는 구해내기 전까지 정의가 그 감옥에서 썩어가고 있었다고 제멋대로 해석한다.

착각도 그런 착각이 없다

교회는 오순절 다락방 이후로 지금까지 계속해서 선교와 정의의 문제를 함께 다루었다. 무엇보다도 사도행전은 단순히 복음 설교의 모음집이 아니다. 교부들의 저작에서도 이 점을 분명히 확인할 수 있다. 개인적으로 나는 최근의 교부인 존 스토트(John Stott) 덕분에 복음 전도와 사회 정의가 어떻게 연결되는지에 관해서 많은 것을 깨달을 수 있었다.

이 땅에서의 사역을 2011년에 마친 스토트는 미국인도 X세대도 아니었다. 그는 영국인으로 성공회 사역자였으며 20세기 복음주의 신학의 거장이었다. 그는 빌리 그레이엄(Billy Graham)과 함께 로잔 운동(Lausanne Movement)을 일으켰고, 기독교 신앙과 선교에 관한 가장 명망이 높고 가장 널리 받아들여지는 근대 문서인 로잔 언약(Lausanne Covenant)의 초안 위원회 회장을 맡았다.

또한 존 스토트는 20세기의 수많은 참사를 목격하면서 복음 전도와 사회 정의의 문제에 관해 누구보다도 깊이 고민했다. 그가 내린 결론은 21세기를 살아가는 우리 사역자들에게 말하는 바가 크다. 그의 결론은 논쟁의 양 진영이 모두 틀렸다는 것이었다.

존 스토트는 저서 *Christian Mission in the Modern World*(현대 세상에서의 기독교 선교)에서 대부분의 사람들이 사회 정의를 복음 전도의 위나 아래에 있는 것으로 여긴다고 주장했다. 사회 정의를 복음 전도의 위에 두면 사람들을 하나님과의 화해로 부르는 일의 중요성과 절박성이 희석된다. 스토트는 이런 입장이 신약과 완전히 배치된다고 판단했다. 하지만 사회 정의를 복음 전도의 아래에 두는 입장에도 똑같이 문제가 있다. 그런 입장은 사회적 행동을, 전도 대상의 호감을 얻기 위한 일종의 PR수단으로 만들어 버렸다. 사회적 행동이 단순히 목적을 위한 수단 정도로 전락했다. 이에 관해 스토트는 이렇게 말했다.

> "가장 노골적인 형태에서 이것은 사회사업을 … 사탕발림이요 미끼로 만든 반면, 최상의 형태에서 이것은 복음에 부족한 신뢰성을 더해 준다. 어떤 경우든 우리의 자선에는 위선의 냄새가 물씬 풍긴다."[1]

스토트는 크리스천 삶의 모든 측면을 선교나 복음 전도의 틀에 억지로 쑤셔 넣으면 결국 문제가 발생하며, 복음 전도와 정의 중에서 무엇이 더 중요하냐고 묻는 것은 전혀 무의미하다는 점을 깨달았다. 그는 사회 정의와 복음 전도가 "서로로 독립된 것이 아니라 서로에게 속한 것이다. 둘 다 그 자체로서 중요하다. 둘 다 서로의 수단이 아니고 심지어 서로의 표현도 아니다. 둘 다 그 자체로서 하나의 목적이다"라는 결론을 내렸다.

따라서 스토트에 따르면, 우리의 사회 참여를 이끌어 내는 원동력은 선교의 명령이나 복음 전도를 위한 실용주의, 심지어 신학적 확신도 아니라 "단순한 연민이다. 사랑은 스스로를 증명해 보일 필요성을 느끼지 않는다."[2]

존 스토트의 글만으로 모든 교회 내에서 복음 전도냐 사회 정의냐 하는 논쟁이 불식되기에 충분할까? 아마도 그렇지는 않을 것이다. 하지만 분명 스토트는 논쟁 속으로 들어가고 나오기 위한 새로운 길을 제시했다. 이 문제로 다른 리더들과 대화하거나 교인들에게 설교할 때는 복음 전도나 사회 정의 중 무엇이 위이고 아래라는 식의 잘못된 이분법의 함정에 빠지지 않기를 바란다. 화해를 선포하는 일과 그것을 행동으로 증명해 보이는 일 모두 하나님이 종들에게 주신 일이다. 하나님의 사랑으로 한다면 둘 다 더없이 중요한 일이다.

02

선교지상주의

하나님과 함께하는 삶을
일차 소명으로 삼으라

"이류 임무에 일류의 헌신을 하다니."

글로벌 교회 개척의 리더 로저(Roger)는 알프스의 절벽을 오르는 암벽 등반가들을 보며 그렇게 말했다. 많은 사역자가 그와 비슷한 심정을 느끼고 있을 것이다. 우리는 암벽 등반이나 사업, 부의 축적 같은 이류 임무가 아닌 정말로 중요한 일류 임무에 헌신하고 있다. 복음과 예수 그리스도의 교회를 전진시키는 일보다 더 일류인 임무가 어디에 있는가. 하지만 우리가 틀렸다면?

'하찮은' 삶에 대한 두려움

로저는 네 개 대륙에서 교회를 개척하는 일로 수십 년간 그리스도를 섬겨왔다. 하지만 하나님의 나라를 위한 자신의 지난 수고를 돌아보며 그가 한 고백은 많은 사역자를 충격에 빠뜨리기에 충분하다. "나도 이류 임무에 대부분의 정력을 쏟아 부었다. 오해하지는 마라. 교회 개척은 위대한 일이다. 하지만 언젠가 그 임무는 끝날 것이다. 내 첫 번째 소명은 하나님과 함께 사는 것이다. 이것이 내 첫 번째 헌신의 대상이

어야 한다."

로저는 많은 사역자들이 마주하고 있는 유혹을 경계한 것이다. 간단히 말해, 많은 교회 리더들이 자신도 모르는 사이에 하나님과 '함께'하는 삶이라는 영원히 지속되는 것을 하나님을 '위한' 삶에서 오는 자아의 일시적인 만족과 맞바꾸었다. 교회 리더들이 어떻게 해서 이렇게 변질되는지를 살피기에 앞서, 최근 내가 가르쳤던 기독교 대학의 학생들에게서 이런 변화를 확인한 이야기부터 해 보자.

졸업이 다가오면 학생들은 미래를 본격적으로 걱정하기 시작한다. 대화를 해보면 대개 학생들은 '세상을 변화시키겠다는' 포부나 '하찮은' 삶에 대한 두려움을 표현한다. 남부럽지 않은 연봉에 두둑한 보너스를 졸업 후의 성공으로 여기던 시절과 달라도 너무 다르다. 이제는 세상을 바꾸지 못하면 무조건 실패다. 하지만 나는 "내 인생으로 무엇을 해야 할까요?"라는 학생들의 표면적인 질문 이면에 진정한 질문이 따로 있다는 사실을 발견했다. "어떻게 해야 내 가치를 증명할 수 있을까요?"

야망에 관한 장에서 말했듯이 큰 성과를 향한 달음질 이면에는 하찮은 삶에 대한 두려움이 숨어 있을 수 있다. 겉으로는 하나님의 선교를 위한 거룩한 야망이요 열정처럼 비치지만 사실상 하나님과 사람들의 칭찬과 인정을 얻기 위한 절박한 발버둥일 수 있다. 이렇게 (감쪽같이 숨긴)교만한 야망으로 하나님의 선교를 해도 기독교 공동체 안에서 우레와 같은 박수를 받고, 많은 사람을 도와 세상에 진정한 유익을 끼칠 수 있다. 하지만 사랑보다 두려움으로, 하나님의 영보다 자아로 움직이면, 자신의 가치를 증명해 보이려는 끝없는 질주 속에서 완전히 녹초가 될 수 있다.

고든 맥도널드(Gordon MacDonald)는 사역의 이런 어두운 측면을 "선교지상주의"로 명령했다. 이것은 "삶의 가치가 원대한 목적을 성취하느냐에 따라 결정된다는 믿음"이다. 맥도널드의 말을 계속해서 들어 보자.

> 선교지상주의는 서서히 시작해서 리더의 태도 안에 거점을 확보한다. 오래지 않아 선교가 관계에서 건강과 영석 깊이, 윤리, 확신까지 거의 모든 것을 통제한다. … 심한 단계의 선교지상주의는 문제를 해결하기 위해 뭐든 한다. 최악의 단계에서는 언제나 목적이 수단을 정당화한다. 가정이 날아가고, 건강이 악화되며, 정직이 위험에 처한다. 하나님과의 연결이 제한된다.[1]

나는 많은 대학생들에게서 선교지상주의의 초기 증상들을 보았다. 그들은 어릴 적 복음주의 하위문화에서 인간의 가치가 선교의 성과와 직결된다는 노골적인 혹은 암묵적인 메시지를 들으면서 이 질병을 처음 접했다. 이런 메시지가 나중에 청년 시절의 불안감과 만나면 오직 세상에 이름을 날리겠다는 일념으로 자신의 은사나 소명과 전혀 맞지 않는 진로를 선택하게 된다.

기독교의 록펠러들

가끔은 교회 리더의 삶 전체로 전이된 선교지상주의의 증상을 목격하곤 한다. 나는 전이 여부를 확인하기 위해 주로 "죄의 유혹을 멀리하는 동기는 무엇입니까?"라고 묻는다. 그러면 사역자의 입에서는 십중팔구 이런 대답이 튀어나온다. "제 사역을 위험에 빠뜨리는 그 어떤 짓도 하고 싶지 않습니다." 이 대답은 마음이 어디에 가 있는지를 여실히 보여 준다. 안타깝게도 "하나님과의 교제를 방해하는 그 어떤 짓도 하고 싶지 않습니다"라는 대답은 좀처럼 듣기 힘들다. 하나님과 '함께'하는 삶의 비전을 얻은 사역자들이 너무도 적다. 그래서 우리는 대신 사역의 비전 곧 그리스도를 '위한' 삶의 비전으로 그 공백을 메우려고 한다.

베지 테일(VeggieTales)을 만든 필 비셔(Phil Vischer)는 선교지상주의 환경에서 신앙을 형성했다. 복음주의 교계에서 그의 영웅들은 탁월한 기업가적 능력으로 하나님을 위해 엄청난 성과를 거둔 "기독교 세계의 록펠러들"이었다. 그의 할아버지와 증조부도 그런 인물들이었다. 그들을 보면서 그는 세상을 변화시키는 것이 하나님이 그에게서 원하시는 것이라는 결론을 내렸다. "하나님이 우리를 큰 영향력을 발휘할 일에서 더 작은 영향력을 발휘할 일로 부르실 리가 없다. 얼마나 많은 아이들을 주일학교로 데려왔는가? 얼마나 많은 영혼을 건졌는가? 당신의 교회는 얼마나 큰가? 당신의 노력 덕분에 천국에 가게 될 사람이 얼마나 되는가? 자, 어서 세상에 영향을 미치라!"

하지만 2003년 회사를 잃고 나서 필 비셔는 어릴 적부터 맹목적으로 받아들였던 선교지상주의의 메시지에 관해 다시 생각하기 시작했다.

> 성경을 파고들수록 내가 속았다는 사실을 더 분명히 깨달았다. 나는 복음과 프로테스탄트 노동윤리, 아메리칸드림을 마구 섞은 위험한 칵테일을 마시며 자라왔다. 나의 영원한 가치는 내가 이룰 수 있는 것에서 비롯했다. … 나중에 깨닫고 보니 내가 따른 구주는 예수와 벤저민 프랭클린(Benjamin Franklin), 헨리 포드를 정확히 똑같은 비율로 섞은 짬탕이었다.[2]

필 비셔의 고백은 내가 몇 십년간 선교지상주의의 무거운 멍에를 지고 다니다가 결국 지친 사역자들에게 직접 들은 고백과 정확히 일치한다. 삼십 대의 한 사역자는 다음과 같은 표현을 썼다.

> 교회는 성장하고 곳곳에서 환호성이 터져 나온다. 하지만 개인적으로 나는 내가 하는 일이 점점 싫어진다. 불안하고 피곤하다. 언제까지 이렇게 버틸 수 있을지 모르겠다. 하나님이 왜 그렇게 멀게만 느껴질까? 왜 가정이 이 지경이 되었을까? 이 일이 언제부터 재미없어졌는가?

선교지상주의의 가장 무서운 점은 강력한 전염성이 아닐

까 싶다. 교회 리더가 선교지상주의의 마수에 걸리면 자신도 모르게 그 병을 양 떼에게 전염시키게 된다. 사역자가 사역의 성과에서 자신의 가치를 찾으면 교인들에게도 똑같은 메시지를 전하게 된다. 은근히 혹은 노골적으로 선교 결과에 따라 상벌을 주게 되고, 결국 새로운 세대의 선교지상주의 신봉자들이 탄생하게 된다. 몇 세대 뒤에는 선교지상주의의 가치가 교회나 교단의 문화에 깊이 뿌리를 내려 아무도 의문을 제기하지 않는 지경에 이른다. 사역자의 삶이 무서운 속도로 붕괴하고 젊은이들은 불안감으로 가득하고 가정들은 위기에 처하고 성령의 열매는 눈을 씻고 찾아봐도 없지만 누구도 멈추지 않는다. 누구도 감히 무엇이 잘못되었냐고 묻지 않는다. 정말로 이것이 하나님이 원하시는 것이 맞느냐고 묻는 사람은 아무도 없다. 일은 계속되어야 하기 때문에 누구도 신성한 선교지상주의에 의문을 제기하지 않는다. 자, 어서 세상에 영향을 미치라!

혹시 이런 생각을 하고 있지는 않은가? '하지만 우리는 하나님을 위한 일을 하도록 부름을 받았다. 달리 어떻게 하라는 말인가? 교인들이 계속해서 자기 안위만 추구하도록 놔두란 말인가?' 충분히 그런 걱정을 할 만하다. 나도 북미를 넘어 전 세계적으로 소비자 정신이 현대 교회를 병들게 만들고 있다는 점에 전적으로 동의한다.

하지만 내가 많은 사역자들에게서 들은 해법은 단순히 소비자 신자들을 운동가 신자로 바꾸는 것에 불과하다. 하지만 어차피 행동의 방향은 신학적 교회학적 방향에 의해 결정된다. 전통적인 복음주의자 진영에서 행동은 무조건 복음 전도를 의미한다. 복음을 전하고 해외 선교에 헌금을 하고 교회를 성장시키는 것이 곧 행동이다. 반대로, 젊은 크리스천들의 초점은 연민과 정의다. 우물을 파고 가난을 뿌리 뽑는 것이 곧 행동이다. 하지만 둘 다 하나님의 선교에 삶을 바치고 그 일에서 우리의 가치를 찾아야 한다는 데는 의견을 같이하고 있다. 물론 하나님의 선교에 대한 정의는 서로 다를지 모르겠지만 말이다.

제발 오해하지는 마라. 하나님의 선교(missio dei)나 그 안에서 교회의 역할을 무시할 생각은 추호도 없다. 나도 너 많은 사람이 하나님의 부름을 듣고 생명 살리는 선한 일에 동참하기를 누구보다도 바라는 사람이다. 또한 이 시대에 선교가 신학적으로 실질적으로 얼마나 필요한지를 교회에 일깨워준 동료 사역자들에게 말할 수 없이 감사한 마음을 지니고 있다. 하지만 팀 켈러가 정확히 지적했듯이 좋은 것을 궁극적인 것으로 삼으면 그것이 우상이 된다.

절대 오류에 빠지다

기독교의 행동가 진영이 쉽게 빠지는 오류는 하나님의 선한 선교를 오직 하나님께만 속한 자리에 놓는 것이다. 우리가 소비주의 기독교의 이기주의에서 사람들을 건져내겠다는 명목으로 단순히 하나의 우상을 다른 우상으로 바꾸고 있으니 아이러니가 아닐 수 없다.

나는 사역자다보니 사역 컨퍼런스에 자주 참여한다. 아마 참석해본 사람이라면 전형적인 패턴을 알 것이다. 수많은 사역자가 '인생 변화 경험'을 하기 위해 이틀간 리조트에 모인다. 이윽고 주최 측에서 나누어 준 소책자를 들고 삼삼오오 리조트의 대강당으로 모여든다. 먼저 뜨거운 찬양의 열기에 분위기가 한껏 달아오른다. 그 열기가 식기 전에 스타 사역자가 재빨리 강단에 올라 "세상을 바꾸라", "이 세대를 복음으로 물들이라", "교회 안에 부흥의 불길을 일으키라" 같은 메시지를 청중에게 정신없이 쏟아 붓는다.

우리는 교회와 문화, 세대, 세상을 바꿔야 한다는 외침에 익숙해 있다. "거대한 문화 변혁과 강력한 전술로 세상을 변화시키라!" 나는 이것을 MOAB(Mother Of All Bombs, 모든 폭탄의 어머니) 교리라고 부른다. NOAB는 미군이 보유한 가장 큰 비핵폭탄의 별명이다. 정확도보다 파괴력의 범위가 우선일 때 이보다 더 좋은 무기는 없다.

마찬가지로 MOAB 교리는 보여 주기용 파괴력을 가장 중시하는 사역 방식을 말한다. 이런 공포와 충격 방식은 선교 지상주의에 물든 사역자들의 입맛에 딱 맞는 방식이다. 그들이 노골적으로 표현하지는 않지만 세상에 큰 영향을 미치면 하나님의 능력만이 아니라 자신의 능력을 만방에 알릴 수 있다는 불순한 동기가 늘 밑바닥을 흐르고 있다.

교회가 이런 관념에 얼마나 깊이 빠져 있느냐 하면, 오늘날 많은 사역자에게 이것이 사역에 끌렸던 결정적인 이유였을 정도다. 우리가 그렇게 첫 단추를 잘못 끼운 바람에 이제 젊은이들이 그리스도와의 교제에서 우러나온 진정한 소명의식이 아니라 단지 온 세상을 떠들썩하게 만들어 온 세상 사람의 존경을 한 몸에 받겠다는 자기중심적인 욕심으로 사역을 꿈꾸고 있다. 우리는 그들이 그리스도가 아닌 자신을 위한 명예라는 어두운 욕심으로 사역을 동경하게 만들었다. 그리고 그들이 그렇게 사역자가 되면 악순환이 이어진다. 그들이 '옳은' 직업을 골랐기 때문에 이번에는 그들이 큰 영향력을 발휘해서 그 사실을 증명해야 하기 때문이다.

> **IMMEASURABLE**
> 우리가 하나님과 함께하는 삶을 첫 번째 소명으로 받아들일 때, 오직 그때에 맡은 양 떼에게 그런 삶을 보여줄 수 있다.

더욱 걱정인 것은 MOAB식의 사역관은 실패의 여지를 두지 않는다는 사실이다. 이 사역관은 약함의 신학을 용납하지 않는다. 그렇다면 가시적인 영향력이 없는 사역자는 어떻게 해야 하는가? 영향력을 갈망하지만 얻지 못했을 때는 어떻게 해야 하는가? 영향력을 발휘하지 못하면 사역자로서 자격이 없는 것인가? 사역에 부적합한 것인가?

이것들은 우리의 자존심을 건드리는 질문이다. 이런 질문으로 우리의 자존심이 공격을 받으면 우리는 자신을 보호거나 고통을 달래기 위해 거의 무슨 짓이든 한다. 왜 요즘 교회 리더들 사이에서 포르노를 비롯한 중독성 행위가 그토록 만연해 있는가? 왜 사역자의 가정불화가 그토록 깊고도 은밀한가? 왜 수많은 사역자가 분노와 질투에 빠져 있는가? 여기에는 많은 이유가 있지만 이런 현상은 결코 우연이 아니다. 우리는 사람들을 그릇된 이유로 사역으로 끌어들이는 시스템을 창출했다. 그렇게 선교의 우상으로 사람들의 동기를 유발하면 나중에 그들이 스스로 기대한 만큼의 성공을 거두지 못하면 상처를 받고 탈선할 수밖에 없다. 달라스 윌라드는 이런 말을 자주 했다. "우리의 시스템은 정확히 지금 우리가 얻고 있는 결과를 만들어내도록 설계되어 있다."

그렇다. 우리의 교회 문화는 사역자들을 영입하고 소비하고 버리도록 설계되어 있다. 다시 말해, 이 문화는 실패에 최적화되어 있다. 그런데 아이러니하게도 이 문화는 사역자들을 실패로 이끌면서도 구속적인 실패의 신학은 절대 주지 않는다.

이것이 선교의 중요성을 끝없이 외치는 교회 문화의 위험이다. 현재의 교회 문화는 하나님의 선교를 하나님 자신보다도 우선시한다. 하지만 건강한 리더라면 자신의 소명과 자기 가치의 근원을 혼동하지 않는다. 예를 들어, 바울은 그런 실수를 하지 않았다. 그는 이방인의 사도라는 자신의 소명이 자신의 보물은 아니라는 사실을 정확히 이해하고 있었다. 그의 보물은 그리스도와의 연합이었다. 그에게는 그리스도와의 교제가 언제나 그분을 위한 일의 원천이요 선행조건이었다.

탕자의 비유를 통한 딜레마 해석

성경 전체에서 누가복음에 기록된 탕자의 비유만큼 이 딜레마를 잘 보여 주는 구절도 없다. 철부지 둘째아들은 아버지와의 관계를 원하지 않았다. 그저 아버지의 돈에만 눈이 멀어 있다. 소비주의 크리스천의 전형이 아닐 수 없다. 둘째아들은 돈을 챙겨 집을 나가 자기중심적인 소비에 푹 빠져 살았다. 그러다 결국 돈이 다 떨어져 생존을 위협받는 지경에 이르렀다. 그런데 그 망나니 아들이 돌아오자 뜻밖에도 아버지는 버선발로 달려 나가 와락 껴안았다.

하지만 우리 사역자들을 위한 교훈은 주로 큰아들의 모습에서 발견할 수 있다. 큰아들은 무절제한 욕구를 좇는 것이 아니라 아버지를 충성스럽게 섬기는 것에서 자신의 가치를 찾았다. 그런데 그는 아버지가 집 나갔던 둘째를 대대적으로 환영했다는 소식에 불같이 노했다. 화가 난 그는 잔치 자리에 가기는커녕 집에도 들어가지 않았다.

아버지는 큰아들에게 잔치 자리에 와달라고 간곡히 부탁했다. 하지만 큰아들은 단호하게 고개를 저었다. "내가 여러 해 아버지를 섬겨 명을 어김이 없거늘 내게는 염소 새끼라도 주어 나와 내 벗으로 즐기게 하신 일이 없더니 아버지의 살림을 창녀들과 함께 삼켜버린 이 아들이 돌아오매 이를 위하여 살진 송아지를 잡으셨나이다"(눅 15:29-30).

이 말은 그가 어디에서 자신의 가치를 찾고 있는지를 분명하게 보여 준다. "내가 여러 해 아버지를 섬겨 명을 어김이 없거늘."

큰아들은 아버지를 위한 일에서 큰 성과를 거두는 데 전념해왔다. 그리고 그는 그런 충성에 대한 보상을 기대했다. 아버지가 온 식솔 앞에서 자신의 노고를 칭찬해서 모두의 존경을 받게 해주기를 원했다. 어떤 아들의 주된 관심사도 아버지와의 관계가 아니었다. 둘 다 아버지에게서 무엇을 얻을까 하는 생각뿐이었다.

예수님이 이 탕자의 비유를 바리새인들과 서기관들의 무리를 겨냥해서 하셨다는 점을 놓치지 말아야 한다. 그들은 하나님에 대한 충성에서 자신의 가치를 찾은 헌신된 종교 지도자들이었다. 예수님은 하나님의 선교에 대한 헌신을 비난하신 것이 아니다. 단지 하나님 자신이 아니라 하나님의 선교에서 자신의 가치를 찾으려는 태도의 위험성을 경고하신 것이다. 예수님은 작은아들의 죄를 용인하신 것이 아닌 것과 마찬가지로 큰아들의 섬김을 폄하하신 것도 아니었다. 단지 종교적 소비주의와 행동주의 모두 하나님의 진정한 뜻에서 어긋난 것이라는 점을 보여 주신 것이다. 하나님의 선교에 삶을 바치는 것은 우리의 가장 중요한 소명이 아니다. 큰아들의 불평에 대한 아버지의 대답에서 이 점을 확인할 수 있다.

"얘, 너는 항상 나와 함께 있으니 내 것이 다 네 것이로되 이 네 동생은 죽었다가 살아났으며 내가 잃었다가 얻었기로 우리가 즐거워하고 기뻐하는 것이 마땅하다"(눅 15:31-32).

아버지는 작은아들이 돌아왔을 때 지난 잘못을 전혀 언급하지 않은 것과 마찬가지로 큰아들의 오랜 섬김에 대해서도 일절 언급하지 않았다. 아버지의 관심은 오로지 아들들과 함께 있는 것뿐이었다. 아들들은 아버지의 부에만 눈이 멀어 있었지만 아버지의 시선은 언제나 아들들에게만 고정되어 있었다. 이것이 두 아들이 모두 이해하지 못한 점이며, 기독교 소비지상주의와 선교지상주의가 모두 보지 못하고 있는 점이다. 하나님의 은사들은 복이고 그분의 일은 매우 중요하다. 하지만 둘 다 그분 자신을 대신할 수는 없다. 우리의 첫 번째 소명은 언제나 그분 자신이 되어야 한다.

하나님을 섬기겠다는 비전은 반드시 필요하고 이 세상의 절박한 상황을 모른 체해서는 안 되지만 많은 기독교 공동체에서 외면을 받고 있는 더 높은 소명이 있다. 하나님 백성의 목자로서 우리는 하찮은 삶에 대한 두려움으로 인해 교회 성장이나 문화적 영향력, 선교를 위한 행동주의를 맹목적으로 추구하지 않도록 해야 한다. 대신 우리는 일류 목석에 일류의 헌신을 해야 한다. 일류 목적은 물론 하나님 자신과의 영원한 교제 가운데서 사는 것이다. 우리가 하나님과 함께하는 삶을 첫 번째 소명으로 받아들일 때, 오직 그럴 때 맡은 양 떼에게 그런 삶을 보여 줄 수 있다.

03

소명의 재발견

부르신 자리에서
변화와 회복을 꿈꾸라

병실에 들어가기 전 나는 간호사실의 환자 차트에서 팔과 어깨, 얼굴의 뼈가 온통 부러진 55세 남자의 병실에 들어가게 된다는 사실을 확인했다. 나는 병실 문고리를 잡을 때마다 원목의 소명을 되뇌는 것이 몸에 배어 있었다. "이 병실에 들어서는 순간 나는 하나님을 대신하는 사람이 된다."

이것은 스물여섯의 젊은이에게 부담스럽고도 어울리지 않는 역할이었다. 마치 남의 옷, 그것도 머리카락이 훨씬 희끗하고 인생경험이 훨씬 많은 사람의 옷을 입은 것처럼.

나는 병실에 들어가 원목이라고 나를 소개했다. 빌(Bill)은 팔과 어깨에 깁스가 되어 전혀 움직이지 못했고 얼굴은 심하게 상처가 나고 퉁퉁 부어 있었다. 그가 조심히 고개를 돌려 나를 쳐다봤다.

"보다시피 말을 잘 할 수 없는 상황이네요. 이렇게 턱을 닫은 채 고정시켰어요."

그가 꽉 물린 이빨 사이로 겨우 말을 했다.

"어제 심하게 떨어지셨다고요? 어떻게 되신 건가요?"

"술에 취해서 기억이 나질 않아요."

말을 알아듣기 힘들어 나는 의자를 그의 침대로 더 가까이

끌어당겼다.

"젊은 분이시군요."

내가 다른 사람의 옷을 입고 온 것은 아닌지 살짝 의심하는 말투였다.

"신학생입니다."

순간, 빌이 고개를 돌리는데 눈가가 촉촉해지는 것이 보였다. 나는 진통제가 떨어진 탓이라고만 생각했다.

"하나님 이야기를 하려고 오셨나요?"

"원하신다면요. 원하시지 않으면 뭐든 생각나시는 것에 관해 이야기를 해도 좋고요."

"예전에는 저도 사람들에게 하나님에 관한 이야기를 해주었지요. 사실 저는 사역자랍니다."

나는 놀라움을 애써 감추었다.

이제 그의 눈에서는 눈물이 하염없이 흐르고 있었다. 나는 얼른 티슈 상자를 가까이 밀어주었다.

"제가 전도사님 나이였을 때는 이렇게 될 줄 상상도 못했지요. 저는 모든 것을 잃었습니다. 사역과 가족, 아이들까지 전부요."

빌은 눈물을 흘리며 자신의 죄와 술 중독을 고백했다. 충분히 훈련도 받고 수많은 알코올 중독자를 비롯해서 수많은 환자를 상대해봤지만 그 상황에서는 무슨 말을 해야 할지 도무지 알 수 없었다.

"저를 잘 보세요. 저 같은 실수를 마세요. 저처럼 되지 말아요." 그는 갑자기 풋내기 신학생을 위한 경고와 조언을 섞어가며 파란만장한 인생 이야기의 보따리를 풀어놓기 시작했다. 아마도 그가 내게 자신을 열어 보인 것은 내가 신실한 크리스천 리더였던 사역자 빌을 전혀 모르는 사람이었기 때문이었을 것이다. 나는 망가질 대로 망가진 환자이자 알코올 중독자 빌만 알 뿐이었다. 그의 교인들이나 가족들과 달리 나는 그의 과거를 그저 짐작만 할 따름이었다. 아마도 그래서 부담 없이 자신의 이야기를 털어놓은 것인지도 모른다. 아무래도 내가 자신의 과거를 모르고 다시 볼 사람도 아니기에 덜 창피했을 것이다.

"결혼은 하셨나요?"

"네."

"자녀는요?"

"아직 없습니다."

"세상에 가족보다 중요한 것은 없습니다. 절대, 교회가 더 중요하지 않아요."

그는 사역자로서 교회를 운영하느라 겪었던 스트레스와 압박감을 고백했고 그래서 술에서 위안을 찾게 되었다고 말했다. 그의 조언을 가만히 듣자니 그가 사실상 내게 말하는 것이 아니라 젊은 시절의 자신에 말하고 있는 것이라는 느낌을 받았다. 그는 내게서 자신의 과거를 보았다. 반대로, 나는 그를 보며 이런 생각을 했다. '지금 내가 나의 미래를 보고 있는 것인가?'

그는 얼마나 자주 위엄 있는 모습으로 교인들 앞에 서서 예배를 인도했을까? 그렇게 위풍당당했던 사람이 이제 무기력한 모습으로 병실에 누워 있었다. 얼마나 많은 사람이 그를 우러러보았을까? 하지만 이제는 사람들이 동정이나 경멸의 눈빛으로 그를 바라보았다. 그가 설교단에서 얼마나 많은 성경의 진리를 담대하게 전했을까? 하지만 이제는 턱이 닫혀 있어 우물거리며 겨우 모기만한 소리만 낼 수 있을 따름이었다. 침대에 누워 있는 그를 보자니 문득 어릴 적에 수도 없이 보았던 만화영화 '사자와 마녀와 옷장'(The Lion, the Witch, and the Wardrobe)에서 아슬란이 털이 다 깎이고 입에 재갈이 물린 채 돌로 만든 식탁에 묶여 있던 장면이 생각났다. 그 장면에서 적들은 거대한 사자를 한낱 고양이라고 놀려댔다.

함께 있는 동안 나는 빌의 뼈가 추락으로만 부서진 것이 아니고 그의 삶이 술로 인해서만 산산조각이 난 것이 아니라는 사실을 발견했다. 더 깊은 차원에서 그를 짓이기는 어두운 힘들이 있었고, 그 힘들의 난도질은 아직 끝나지 않고 있었다. 그의 이야기는 자기혐오와 수치로 가득 차 있었다. 그는 자신의 모습을 지독히 창피해하고 있었다. 그는 자신의 삶을 기껏해야 다른 사역자들이 옳은 길에서 벗어나지 않도록 경종을 울려주는 비극의 사례로만 보고 있었다. 이 모두는 그 어떤 외과의도 고칠 수 없는 보이지 않는 상처의 존재를 가리키고 있었다. 빌은 존엄성을 잃었다.

내가 가장 좋아하는 영화 가운데 하나는 '버드맨 오브 알카트라즈'(Birdman of Alcatraz, 1962년)다. 이것은 감방에서 부상당한 새들을 연구하고 간호한 반항적인 죄수 로버트 스트라우드(Robert Stroud)의 이야기를 허구적으로 각색한 영화다. 스트라우드는 수십 년을 복역하고도 도무지 교도소 소장의 엄격한 규정에 순응하지 않았다. 영화의 끝 무렵에서 다음 대화로 인해 두 사람의 갈등은 클라이맥스에 이른다.

소장 단 한 번도 변화의 의지를 보여 주지 않는군.
스트라우드 변화? 회복? 갱생? 그게 무슨 뜻인지나 알고 말하시는 겁니까?
소장 함부로 지껄이지 마.
스트라우드 사전을 보면 그건 라틴어 '하빌리스'(habilis)에서 온 말입니다. 존엄을 돌려준다는 뜻이지요. 사람에게 예전의 존엄성을 돌려주는 것이 소장님의 일이라고 생각하시지 않습니까? 소장님은 그저 행동만 보시지요. 오래 전에 소장님은 "우리가 하라는 대로 해"라고 하셨지요. 그 말을 한시도 잊은 적이 없습니다. 소장님은 지난 35년 동안 그 입장에서 한 걸음도 뒤로 물러서지 않았어요. 그저 수감자들이 줄에 매달린 꼭두각시처럼 똑같은 장단에 맞춰 춤추며 문을 통과하기를 바라지요. 소장님이 생각하는 일치, 소장님이 생각하는 행동, 심지어 소장님이 생각하는 도덕, 바로 그게 실패의 원인이에요. 소장님, … 소장님은 수감자들에게서 가장 중요한 것을 앗아갔어요. 바로 그들의 개성을요.[1]

이 악한 세상은 우리에게 수많은 피해를 입히지만 그 중에서 가장 지독한 악은 우리에게서 존엄을 앗아가는 것이다. 다른 모든 공격은 사람의 밖에서 이루어진다. 악은 우리에게 미움이나 불의, 가난, 육체적 고통을 던진다. 강한 사람이라면 이런 시련 속에서도 자존감을 잃지 않을 수 있다. 하지만 자신이 무가치하다는 생각, 사랑을 받을 자격이 없다는 생각에 빠지면 그 어떤 외적 행복으로도 회복이 불가능하다.

이것이 내가 빌에게서 본 상태다. 빌은 자신을 무가치한 존재요 실패자이며 비참한 꼴을 당해도 싼 인간으로 보았다. 내가 그렇게 자존감이 바닥까지 무너진 사람을 만난 것은 그가 처음도 아니요 마지막도 아니었다. 하지만 그의 상황이 특히 더 비극적인 것은 그가 교회 안에서 보낸 수십 년의 세월 때문이다. 망가진 영혼이 회복해야 할 그곳에서 오히려 그런 비극이 일어난 것이다. 설상가상으로 빌은 교회의 리더였다. 매일같이 신학과 성경, 성사, 수많은 유익한 자료에 둘러싸여서 살았던 사람이 어떻게 완전히 변화될 수 있단 말인가.

안타깝게도 연방 감옥에 갇힌 로버트 스트라우드처럼 교회를 변화의 장소로 경험하지 못하는 사람이 너무도 많다. 빌이 병실 침대에 누워 증언했듯이 교회는 사람의 존엄을 되찾아주기는커녕 오히려 앗아가는 곳이 되기도 한다. 감옥과 마찬가지로 교회 주식회사의 본질은 시스템과 효율성, 획일성이다. 교회 주식회사는 사역을 하나의 산업으로, 교회를 설교와 음악, 프로그램의 조립 라인 위에서 제자를 생산하는 공장으로 본다. 그 목표는 제자들이 "줄에 매달린 꼭두각시처럼 똑같은 장단에 맞춰 춤추며" 교회 문을 통과하게 만드는 것이다. 이런 비인간적인 구조는 일치를 기대한다. 그래서 사역자와 성도 모두에게서 개성을 앗아간다.

교회 주식회사는 세상이 앗아간 것을 회복시켜주기는커녕 그렇지 않아도 실패해서 남들의 손가락질을 받는 사역자와 교인들에게 하나님의 외면까지 더해준다. 그렇게 교회 주식회사 안에서 우리의 수치는 증폭된다. 죄에 빠지고 삶이 무너진 사람들은 비효율적이다. 그들은 시스템을 느리게 만드는 주범이다. 그들은 조직의 확장을 방해한다. 그들은 교회 주식회사가 더 많은 멤버를 끌어 모으기 위해 사용하는 승리의 이미지를 퇴색시킨다. 따라서 이런 '문제 인간들'은 충분히 변화되어 유용한 간증거리로 활용할 수 있기 전까지 억누르거나 보이지 않는 곳으로 보내야 한다. 이런 문제 인간이 '사역자'란 직함을 갖고 있을 때는 주로 신속하고도 영구적인 추방이 이루어진다. 빌의 경우처럼 말이다.

사역의 압박과 중독에 관한 빌의 이야기는 생각보다 흔하다. 그리고 이런 문제점을 인식하는 사람들조차 대개 그것을 단순히 도움을 구하지 않은 사역자 자신의 실패로만 여긴다. 우리는 중독을 사역 시스템 자체의 실패보다는 개인의 문제나 가족력으로 보는 경향이 있다. 심지어 빌 자신도 이런 시각에 품고 있었다. 그는 오로지 자신만을 탓했다. 자신이 희생자라는 말은 단 한마디도 하지 않았다. 책임 전가의 문화 속에서 스스로 책임을 지는 태도는 존경할 만했다. 하지만 그것이 전부가 아니라면? 사역 구조 자체가 문제의 일부라면? 교회가 빌이 알코올 중독을 극복하도록 돕기는커녕 문제를 더 악화시켰다면?

이것이 샐리 모젠쌀러(Sally Morgenthaler)가 남편이 중독으로 유죄 판결을 받고 8년을 복역한 뒤에 던진 질문이다. 그녀의 남편은 중고등부 사역자였다. 몇 년 뒤에 그녀는 이런 글을 썼다. "교회의 특정한 리더들에게 '사역'은 꼬리표를 붙인다고 해서 행동이 좋아지지는 않는다." 그녀에 따르면 일부 사역 현실은 "유독해서 감정적 영적 건강을 해친다. … 사역을 정의하고 이상화하고 행하는 방식이 실제로 중독적인 행동을 부추기는 것인지도 모른다."[2] 그녀는 교회 주식회사의 어두운 면을 발견했다. 그녀는 절대 남편의 범죄를 변명하거나 그에 대해 교회를 탓한 것이 아니다. 그녀는 오늘날 유행하는 사역 구조들이 사역자의 개인적인 불안과 유혹을 증폭시켜 결국 파멸시키는 악의 온상 역할을 하고 있다는 점을 있는 그대로 설명했을 뿐이다.

침대 옆에 앉아서 빌의 이야기를 듣노라니 무기력감이 몰려왔다. 영혼 깊은 곳에서 맥이 빠졌다. 내 머릿속에는 빌과 같은 사람을 다루기 위한 신학적 범주나 가이드라인이 전혀 없었다. 물론 시한부 환자들과 대화하는 법을 배웠고, 교회 성장과 제자 훈련 전략을 다룬 책들도 많이 읽었다. 내 성경책에는 슬퍼하는 가족들을 위로하는 데 제격인 구절들에 가득 밑줄이 그어져 있었고, 심지어 새로운 교회 프로그램을 시작할 때 해당 지역을 조사하기 위한 가이드라인도 내 머릿속에 있었다. 하지만 자포자기에 빠진 알코올 중독자 사역자를 사역하기 위한 방법은 신학교에서 전혀 배운 바가 없었다. 아니, 그런 방법을 가르쳐주는 수업이 있다는 말도 들어본 적이 없었다.

그러다 문득 소름 끼치는 사실을 깨달았다. 바로 나 자신도 문제의 일부였다. 나는 교회 주식회사에서 리더로 훈련을 받고 있었다. 그런데 교회 주식회사는 빌의 병원 행에 대해 최소한 부분적인 책임이 있었다. 내가 세상의 문제에 대한 치료약이라고 배운 것들이 사실상 질병의 일부는 아니었을까?

마침내 빌이 말을 마치고 이제 내가 뭔가 도움이 되는 말을 해야 할 것만 같은 순간이 찾아왔다. 하지만 할 말이 없었다. 빌려서 헐거운 사역자 가운 속에서 내 몸이 한층 더 쪼그라드는 것을 느꼈다. 서둘러 방을 나가 이 어색함에서 탈출할 생각에 겨우 입을 열어 기어들어가는 녹소리도 말했다. "슬직한 말씀, 감사합니다. 조언도 감사하고요."

내가 쭈뼛쭈뼛 일어나서 문 쪽으로 향하자 빌은 고개를 돌렸다. 빌의 인생 속에 있던 다른 모든 사람들처럼 나도 어서 그가 보이지 않는 곳으로 가서 이 더러운 기분을 떨쳐내고 싶었다. 어서 그를 잊어버리고 교회 주식회사에 대한 나의 환상을 회복하고 싶었다. 그래서 문을 열기 위해 문고리를 잡는 순간, 내 소명이 기억났다. "이 병실에 들어서는 순간 나는 하나님을 대신하는 사람이 된다."

나는 병원 원목 사무실을 대표해서 그 병실에 온 것이 아니었다. 교회 주식회사를 대신해서 온 것도 아니었다. 스카이라는 이름의 젊은 신학생으로 온 것도 아니었다. 나는 존엄성을 잃고 철저히 망가진 한 남자에게 잠깐이나마 하나님을 보여 주기 위해서 온 것이었다.

나는 고개를 돌려 빌을 보면서 베드로가 미문에서 절름발

이 거지를 만났던 사건을 떠올렸다. 그때 베드로는 거지에게 이렇게 말했다. "은과 금은 내게 없거니와 내게 있는 이것을 네게 주노니."(행 3:6) 내게 빌에게 줄 조언이나 지혜는 없었지만 예수님의 임재는 있었다. 빌에게 예수님을 보여 줄 수는 있었다. 결심한 나는 침대 옆 의자로 돌아갔다. "선생님, 어떻게 도움을 드려야 할지는 모르겠지만 괜찮으시다면 잠시 함께 있어드리고 싶습니다."

빌은 내 속을 꼭 쥐고서 울기 시작했다. 그리고 내 눈에서도 눈물이 흘러내렸다. 그렇게 얼마나 울었는지 모른다. 우리의 울음은 무언의 의식이었다. 그 눈물의 시간은 고백과 용서, 정죄와 연민, 장사와 부활을 담은 조용한 성사였다. 나는 빌이 붙잡고 있는 것이 내가 아니라 하나님이라는 것을 알고 있었다. 내가 우는 것도 빌의 죄가 아니라 나 자신의 죄 때문이었다. 그 순간은 지극히 인간적이면서도 신비롭고 신적이었다. 그것은 진정한 사역이었다.

사역자로서 우리의 소명은 변화와 회복이다. 세상이 앗아간 존엄을 사람들에게 돌려 주는 것이 우리의 소명이다. 어느 병실, 어느 삶 속으로 들어가든지 그 안으로 하나님의 임재를 가져가 눈앞의 사람이 하나님의 형상을 따라 창조되었으며 있는 그대로 사랑을 받을 가치 있다는 복된 소식을 선포하는 것이 바로 우리의 소명이다. 우리는 하나님이 예수 그리스도의 삶과 죽음, 부활, 승천을 통해 그를 향한 사랑의 깊

IMMEASURABLE
사역자로서 우리의 소명은 변화와 회복이다. 세상이 앗아간 존엄을 사람들에게 돌려 주는 것이 우리의 소명이다.

이를 보여 주셨다는 복된 소식을 전할 책임이 있다. 존엄을 회복시키는 이 일은 언제나 성육신적이다. 단순한 시스템이나 구조, 프로그램으로는 이 일을 해 낼 수 없다. 성화는 인간과 하나님의 신비로운 어울림을 필요로 한다.

사역자가 된다는 것은 늘 함께 계시는 하나님을 우리의 몸으로 보여 주는 것이다. 사역자가 된다는 것은 망가진 사람들을 예수님의 눈으로, 즉 무한한 가치를 지닌 피조물로 보는 것이다. 사역자가 된다는 것은 우리에게 있는 것을 거저 주는 것이다. 우리에게 있는 것은 세상이 전혀 가치 있게 여기지 않지만 온 세상에서 가장 값진 것이나. 세상은 유용한 것을 가치 있게 여긴다. 바로 이것이 교회 주식회사가 제공하려고 노력하는 것이다. 하지만 우리에게 있는 것은 예수님이 전부다. 사역자가 된다는 것은 "은과 금은 내게 없거니와 내게 있는 이것을 네게 주노니"라고 말하는 것이다.

부록

함께 나누고 행동하기
Group study

1-01

생각 바꾸기
언제 처음 사역을 하고 싶은 생각이 들었는가? 당신이 사역을 결심한 순간을 되돌아보면 어떤 건강한 동기와 불순한 동기가 보이는가?

행동하기
당신의 야망이 불순한 욕구에서 비롯할 때 어떤 경고의 신호가 나타날까? 당신이 그런 신호를 알아보지 못할 때 누가 대신 알아보고 지적해 줄 수 있을까?

1-02

생각 바꾸기
당신의 사역은 어떤 '열매'에 주목하는가? 이것이 어떻게 성과주의의 우상으로 변할 수 있는가? 당신의 사역이 성과를 거두었지만 당신의 영혼은 병들어 있던 시기를 돌아보라. 당신이 리더로서 사역을 인간적인 관점으로만 보지 않도록 어떤 질문을 스스로에게 주기적으로 던져야 할까?

행동하기
당신의 리더들에게 사역의 기쁨을 경험하고 있는지 물어 보라. 그렇다면 어디서 어떻게 기쁨을 경험하고 있는지 물어 보라. 그렇지 않다면 무엇이 그들에게서 기쁨을 앗아가고 있는가?
당신 사역의 중심에 있는 사람들이 성령의 열매를 누리지 못하고 있다면 주변에 있는 사람들은 더더욱 그러기가 힘들다. 이번 기회에 당신의 공동체 안에서 성령의 열매에 관한 진지한 토론을 시작해 보라.

1-03

생각 바꾸기
효율성은 좋은 것이다. 그런데 당신의 사역이 어떻게 그 효율성의 노예로 전락했는가? 어떻게 해서 그것이 비효율적이고 비실용적인 것들의 가치를 보지 못하게 당신의 눈을 가리는 우상이 되었는가?

행동하기
시편 27편을 읽고 다윗의 갈망이 얼마나 비실용적이었는지를 생각해 보라. 무엇이 그의 마음을 사로잡았고, 그가 그 갈망에 어떻게 반응했는가? 이 시편을 참고해서 당신을 위한 기도문을 써 보라.

1-04

생각 바꾸기
뱀파이어 모델을 버린 십여 명의 사역자들과 이야기를 나누어 보니 하나같이 한 가지 프로그램을 사용하고 있었다. 그것은 바로 일터 심방이었다. 그 사역자들은 정기적으로 교회를 나와 교인들이 일하는 곳으로 찾아간다. 물론 이것이 교회 주식회사 이전 시대에는 흔한 프로그램이었다. 하지만 요즘 대부분의 사역자들은 교회 안에 눌러앉아 양떼가 찾아오기만 기다리고 있다. 교인들을 각자의 삶의 터전에서 만날 시간을 정하라. 그들의 일과 소명, 환경을 파악하라. 그렇게 하면 교인들을 보는 시각이 달라지고 그들이 각자 받은 소명을 잘 감당할 수 있도록 제대로 준비시킬 수 있다.

행동하기
교회 하면 네 가지 정의 중에서 무엇이 가장 먼저 떠오르는가? 당신은 어떤 '교회'에 가장 큰 관심을 두고 있는가? 어떻게 해야 조직과 구조에 쏠렸던 관심을 하나님의 백성에게로 다시 집중시킬 수 있을까?

1-05
생각 바꾸기
오직 성령께만 속한 일들에 대해 책임감을 느끼고 있는가? 어떤 일들인가? 혹시 주님이 맡겨 주신 양 떼의 특별한 소명을 당신 마음대로 결정하려고 하지는 않는가?

행동하기
당신의 사역은 비즈니스와 기업 세계의 어떤 가치들을 접목시키고 있는가? 그중에서 정말로 도움이 되는 것은 무엇이며 그리스도의 도에서 멀어지게 만드는 것은 무엇인가?

1-06
생각 바꾸기
로렌스 형제가 쓴 영적 고전 《하나님의 임재 연습》(*The Practice of the Presence of God*)을 읽어 보라. 쉬지 않고 기도하며 늘 하나님의 임재를 의식하며 살아가는 삶이 무엇인지 고민해 보라.

행동하기

교회 주식회사는 측정 가능한 결과만을 인정한다. 하지만 당신의 교회는 하나님과의 교제라는 보이지 않는 결과를 추구하는 사람들을 어떻게 인정하고 격려하는가?

1-07

생각 바꾸기

어떻게 하면 당신의 교회 안에 매일, 매주, 매년 쉼의 리듬을 정착시킬 수 있을지 리더들과 토론해 보라. 어떻게 하면 당신과 당신의 교인들이 그리스도 안에서 번영하고 풍성한 삶을 누리지 못하도록 방해하는 교회 주식회사의 비인간화와 기계화를 막을 수 있을까?

행동하기

어떻게 일과 쉼 사이의 건강한 균형의 본을 보여 주고 있는가? 많은 사역자들이 '하나님의 일'을 한다는 핑계로 자신의 일중독을 정당화하고 있다. 자신을 돌아보라. 하나님에 대한 어떤 오해가 쉼을 누리지 못하도록 방해하고 있는가?

1-08

생각 바꾸기

당신의 양 떼가 목자를 실질적으로 아는가? 혹시 나처럼 조용한 곳에서 혼자 책을 읽거나 글을 쓰는 것을 좋아하는 스타일인가? 하지만 사역을 제대로 하려면 교인들을 깊이 알고 그들과 친밀하게 어울려야 한다. 어떻게 해야 하나님이 맡겨 주신 사람들에게 당신의 시간을 더 내어 주고 그들과 친밀한 관계를 맺을 수 있을지 고민해 보라.

행동하기

누가 진정한 권위 없이 당신의 사역에 영향을 미치고 있는가? 당신 교회의 교인들이 따르는 언론인이나 라디오 프로그램 진행자가 있는가?

그중에는 정말로 도움이 될 만한 신실한 리더도 있겠지만 양의 탈을 쓴 늑대들도 섞여 있다. 교인들이 교회 밖에서 듣는 목소리를 일일이 통제할 수는 없겠지만 어떻게 하면 양 떼에게 효과적으로 위험을 경고해 줄 수 있을까?

1-09

생각 바꾸기

당신의 서재를 어떻게 채우고 있는가? 어떤 책을 읽을지 어떻게 결정하는가? 단지 인기 있는 책을 읽는가? 혹은 교회 주식회사의 가치를 퍼뜨리려는 자들의 마케팅 전술에 넘어가고 있는가?

행동하기

리더들과 함께 (성경 말고) '슈퍼텍스트'를 읽는 시간을 가지라. 그 책이 인간 본성과 하나님, 삶에 관해 무엇을 밝혀주고 그것이 당신을 비롯한 교회 리더 팀의 소명과 어떤 관련이 있는지 토론하라.

1-10

생각 바꾸기

믿음의 선배들은 육신의 욕심을 줄이고 하나님과 더 친밀해지기 위해 정기적으로 금식을 했다. SNS금식을 하면 하나님과의 교제에 어떤 도움이 될까? 정기적으로 온라인에서의 목소리들을 차단하면 하늘 아버지의 음성을 더 잘 듣는 데 어떤 도움이 될까? 이 점을 고민해 보라.

행동하기

왜 SNS를 하는가? 당신이 SNS를 통해서 정말로 찾는 것은 무엇인가? 혹시 우정이나 가정 혹은 하나님과의 교제를 통해 충족시켜야 할 굶주림을, 더 빠르지만 궁극적으로는 별로 영양가 없는 SNS라는 인스턴트 식품으로 해결하려고 하고 있지는 않은가?

1-11

생각 바꾸기

당신은 어떤 부분에서 '전문가'의 옷을 벗어야 하는가? 당신 자신을 솔직하게 드러낼 수 있는 사람들이 있는가? 그렇다면, 어떻게 하면 그 사람들과 더 자주 어울릴 수 있을까? 혹시 어떤 두려움 때문에 당신의 진짜 모습을 아무에게도 보여 주지 않은 채 혼자 끙끙 앓고 있는가?

행동하기

당신과 함께하는 리더 중 모든 사람에게 자신의 본모습을 솔직하게 보여 줄 수 있는 사람들을 적어 보라. 그들은 어디서 '사역자'가 아닌 보통 인간이 되는가?

2-01

생각 바꾸기

당신의 교회나 사역 단체는 어떤 면에서 일반 비영리 단체와 다른가? 교회 밖에서 볼 때 당신의 사역은 기독교만의 독특한 색채를 갖고 있는가? 어떤 관행이나 행동이 세상과 차별화되어 있는가? 당신의 사역 방식은 자연적인 힘만이 아니라 영적 힘의 존재를 인정하고 있는가?

행동하기

대부분의 사역 단체가 예산과 회계 감사 프로세스를 갖추고 있다. 여기에 더해서, 기도 감사 프로세스를 마련하면 어떨까? 기도를 가끔 생각날 때마다 하거나 해도 되고 안 해도 그만인 것으로 여기지 말고 당신의 사역과 교회의 필수적인 요소로 삼으면 어떠할까?

2-02

생각 바꾸기
당신의 교회에서는 무엇을 측정하고 인정하는가? 이것을 보면 당신은 무엇을 중시하고 무엇을 중시하지 않는가? 자신도 모르게 '성'과 '속'이라는 잘못된 이분법을 계속 적용하고 있는가? 어떤 면에서 그러한가?

행동하기
리더들과 함께 당신 교회의 구조 중에서 무엇을 단순화할 수 있는지 토론해 보라. 어떤 복잡성이 교인들을 하나님이 사랑하시는 바깥세상에 참여하도록 풀어놓지 않고 조직의 구조 안에 붙잡는 족쇄 역할을 하고 있는가?

2-03

생각 바꾸기
하나님이 과거에 당신의 개 먹이를 사방으로 던진 경험을 떠올려 보라. 어떤 상황이었는가? 그 뜻밖의 복잡성에서 어떤 교훈을 얻었는가? 그것이 궁극적으로 어떻게 당신의 믿음을 깊어지게 만들었는가?

행동하기
당신의 사역은 나쁜 복잡성(루브 골드버그 기계)과 좋은 복잡성(스위스 군용 칼) 중 무엇에 빠져 있는가? 이 질문을 놓고 리더들과 토론하라.

2-04

생각 바꾸기
당신 교회의 사역 구조와 리더 구성에 대해 생각해 보라. 가장 취약점은 어디인가? 어떤 부분이 망가지면 양 떼와 그들의 소명이 가장 큰 타격을 입을까? 이런 취약점을 어떻게 보완할지 기도하면서 고민해 보라.

행동하기
당신의 직접적인 참여 없이도 교회가 잘 운영될 것이라고 100퍼센트 확신할 수 있다면 당신의 시간을 어떻게 다르게 사용하겠는가? 어떤 취약점을 편하게 인정하고 다룰 수 있을까?

2-05

생각 바꾸기
당신의 지난 설교 두세 개를 검토해 보라. 원고를 다시 읽거나 녹음한 테이프를 들어보라. 다시 보니까 빼도 좋은 것은 무엇인가? 불필요한 내용은 무엇인가? 단지 시간을 때우거나 청중의 관심을 주님이 아닌 당신 자신에게로 끌기 위해 채운 내용은 무엇인가? 이것을 거울로 삼아 다음 설교에 반영하라.

행동하기
앞으로 설교 시간을 10퍼센트 이상 줄이기로 결심하라. 남는 시간에 무엇을 하면 교인들이 그리스도와 하나님 나라를 더 분명히 볼 수 있을까?

2-06

생각 바꾸기

어떤 가정들이 당신 교회의 설교 방식에 영향을 미쳤는가? 설교의 목적이 무엇이라고 생각하는가? 그런 목적이 이루어지고 있는지 그리고 설교단을 좀 더 충실하게 활용하기 위해 어떤 변화를 단행해야 할지 다른 리더들과 의견을 나누라.

행동하기

영적 형성을 위한 달라스 윌라드의 VIM 모델을 사용하여 당신의 교회 내에서 각 요소가 어떻게 이루어고 있는지 평가해 보라.
- 어디서 사람들이 하나님과 함께하는 삶에 대한 아름다운 비전을 얻고 있는가?
- 어디서 그들이 스스로 이 비전을 추구할 결심을 얻고 있는가?
- 어디서 그들이 이 비전대로 살기 위한 훈련을 받고 구체적인 방법을 배우고 있는가?

2-07

생각 바꾸기

당신의 교회는 교인들에게 너무 '쉬운' 곳이 되어버렸는가? 난이도가 너무 낮은가? 이 점을 리더와 토론하고, 하나님이 어떤 영역에서 영적 성장의 책임을 교인들에게 좀 더 지우라고 말씀하시는가?

행동하기

고린도전서 2장 1-5절에서 바울이 자신의 커뮤니케이션 방식을 어떻게 묘사하는지 읽어 보라.

바리새인으로서 최고의 교육을 받고 헬라의 웅변술에 정통했던 바울이 왜 그런 좋은 능력을 설교에 사용하지 않기로 결정했을까? 당신도 설교할 때 어떤 도구나 기술을 일부러 절제하는 편이 좋을까?

2-08

생각 바꾸기

훌륭한 성품이나 성경적인 지혜, 정통 교리와 분명히 거리가 먼 리더들을 강사나 저자로 내세우는 교산 복합체 내 단체에 대한 지원을 끊는 방안을 고민해 보라. 이것은 정죄가 아니라 분별의 행위다.

지혜로운 분별력을 보여 주는 출판사나 라디오 프로그램, 컨퍼런스를 칭찬하고 지원하라. 편집자나 피디를 만나 이런 질문을 던지라. 누구의 책을 출간할지 혹은 누구를 강연자로 세울시 무슨 기준에 따라 결정하는가? 함께 누군가와 출간이나 행사를 진행하기 전에 그 사람의 어떤 점을 눈여겨 보는가? 전국으로 나가는 방송의 강연자로 세우기 전에 인격을 확인하기 위한 질문을 던지는가?

이런 업체들이 우리의 신앙과 리더십에 영향을 미칠 강연자와 리더를 선택하도록 맡기려면 선택의 기준 정도는 알아봐야 한다.

행동하기

복음주의 사역자들의 다채로운 집합에 부여했던 권한 중 일부를 교회 리더들에게 돌려 주라. 아무리 양 떼를 보호하려고 노력한다 해도 우리는 책이나 팟 캐스트, 웹 사이트, 컨퍼런스를 통해 우리에게 영향을 미치는 사람들을 제대로 알 수 없다. 그래서 같은 공동체 안에서 함께 살아가며 우리의 영적 아버지와 어머니 역할을 해 줄 사람들이 필요하다. 변함없이 신실한 모습으로 권위를 얻은 사람들이 신뢰와 사랑의 관계 속에서 선한 영향을 미칠 수 있도록 해야 한다. 이것은 교회 안의 리더들이 감당해야 할 역할이다. 이 역할은 다른 무엇도 대신할 수 없다.

2-09

생각 바꾸기
어떻게 해서 소비문화의 가치들이 당신의 사역에 침투했는가? 그런 가치 중에 무엇이 무해하고 무엇이 충성스러운 제자들을 양성하는 데 해로운가? 둘을 어떻게 구분할 수 있을까?

행동하기
세상에 가득한 소비문화로부터 탈출할 수는 없다. 하지만 당신이 이끄는 사람들이 그 문화의 위험을 인식하고 올바로 반응하도록 도울 수는 있다. 그들을 돕기 위해 당신이 할 수 있는 일은 무엇이 있을까?

2-10

생각 바꾸기
당신의 공동체나 조직의 리더들과 논의해서 첨단기술 사용에 관한 가이드라인을 정하라. 어디서 첨단기술을 사용할 것인가? 어디서 첨단기술의 사용을 금할 것인가? 사람들이 주님과 서로에게만 온전히 집중할 수 있도록 어디를 스크린 청정지역으로 조성할 것인가? 특정 환경에서 첨단기술을 사용할지 말지 결정하기 위해 어떤 질문들을 던질 것인가?

행동하기
당신의 사역이 이미 탈육신으로 흘렀는가? 당신이 이끄는 사람들의 곁으로 직접 다가가지 않으면 어떤 면에서 득인가? 예수님이 당신에게 그분의 백성과 함께하기 위해 무엇을 제거하라고 말씀하시는가?

3-01

생각 바꾸기

복음 전도와 사회 정의라는 인위적인 이분법에서 당신은 어느 쪽으로 쏠릴 가능성이 높은가? 어떻게 부지불식간에 하나님의 일 중 특정한 요소들을 다른 요소보다 중시하고 다른 소명들을 소홀히 여기고 있는가?

행동하기

당신의 공동체에서는 정의와 전도 중에서 어떤 부분이 더 약한가? 다른 리더들과 함께 그 부분을 보완할 방법을 마련하라. 어려운 이웃들을 향한 그리스도의 사랑으로 불타오르는 사람들을 어떻게 인정할 것인가?

3-02

생각 바꾸기

하나님과 함께하는 생명의 교제를 하나님을 위한 세상 변화의 사역과 바꾸고 싶은 유혹을 느껴본 적이 있는가? 평소에 혹은 기도할 때 하나님 자신과 하나님의 일 중에서 무엇을 주로 생각하고 말하는가?

행동하기

비셔는 자신의 신앙이 "복음과 프로테스탄트 노동 윤리, 아메리칸드림을 마구 섞은 위험한 칵테일"에 영향을 받았다고 말한다. 누가 혹은 무엇이 신앙과 선교에 대한 당신의 이해에 결정적인 영향을 미쳤는가? 어떤 부분들이 그리스도의 부름과 어긋나는지 찾아서 바로잡을 수 있겠는가?

주

Part 1

03

1. Andy Crouch, *For the Beauty of the Church: Casting a Vision for the Arts* 중 "The Gospel: How is Art a Gift, a Calling, and an Obedience?", David O. Taylor 편집(Grand Rapids: Baker Books, 2010), 40.

04

1. Anne Rice, "Jesus: The Ultimate Supernatural Hero," Beliefnet.com에 인용, http://www.beliefnet.com/faiths/christianity/2005/11/jesus-theultimate-supernatural-hero.aspx?.
2. Josh Packard and Ashleigh Hope, *Church Refugees* (Loveland, CO : Group Publishing, 2015).
3. Lydia Saad, "Confidence in Religion at New Low, but Not Among Catholics," *Gallup*, 2015년 6월 17일, http://www.gallup.com/poll/183674/confidence-religion-new-low-not-among-catholics.aspx.
4. Jim Norman, "Americans' Confidence in Institutions Stays Low," *Gallup*, 2016년 6월 13일, http://www.gallup.com/poll/192581/americans-confidenceinstitutions-stays-low.aspx.
5. Ron Fournier and Sophie Quinton, "How Americans Lost Trust in Our Greatest Institutions," *The Atlantic*, 2012년 4월 20일, https://www.theatlantic.com/politics/archive/2012/04/how-americans-lost-trust-in-our-greatest-institutions/256163/.
6. "Infographic: Millennial Entrepreneurship Ascending," rasmussen.edu, 2013년 9월 23일, http://www.rasmussen.edu/student-life/blogs/main/

infographic-millenial-entrepreneurship/.

06

1. Thomas R. Kelly, *A Testament of Devotion* (New York: HarperCollins, 1992), 25. 토머스 켈리, 《거룩한 순종》(생명의말씀사 역간)

07

1. Dean Schabner, "Americans: Overworked, Overstressed," ABC News, http://abcnews.go.com/US/story?id=93604&page=1.
2. "Three Trends on Faith, Work, and Calling," Barna Group, 2014년 2월 11일, https://www.barna.com/research/three-trends-on-faith-workand-calling/.
3. Fox Van Allen, "Survey: Almost All Smartphone Owners Do the Same Thing When They Wake Up," *TIME*, 2013년 10월 15일, http://techland.time.com/2013/10/-15/survey-almost-all-smartphone-owners-dothesame-thing-when-they-wake-up/.
4. "The Myth of Multitasking," *Talk of the Nation, National Public Radio*, 2013년 5월 10일, http://www.npr.org/2013/05/10/182861382the-myth-of-multitasking.
5. Henri Nouwen, "From Solitude to Community to Ministry," *Leadership Journal*, 1995년 봄, http://www.christianitytoday.com/pastors/1995/spring/5l280.html.
6. Paul Vitello, "William Pogue, Astronaut Who Staged a Strike in Space, Dies at 84," *The New York Times*, 2014년 3월 10일, https://www.nytimes.com/2014/03/11/science/space/william-r-pogue-astronaut-who-flewlongest-skylab-mission-is-dead-at-84.html.

10

1. Thomas Kelly, *A Testament of Devotion* (San Francisco: Harper-San-Francisco, 1941), 9.

Part 2

01

1. "Your Church's Priorities?" *Leadership Journal*, 2005년 봄, http://www.christianitytoday.com/pastors/2005/spring/2.7.html.

02

1. Ben Leubsdorf, "Decline in Church-Building Reflects Changed Tastes and Times," *The Wall Street Journal*, 2014년 12월 4일, https://www.wsj.com/articles/decline-in-church-building-reflects-changed-tastes-andtimes-1417714642.

03

1. Frank Zappa, *The Real Frank Zappa* (New York: Poseidon Press, 1989), 203.
2. Kevin McSpadden, "You Now Have a Shorter Attention Span Than a Goldfish," *Time*, 2015년 5월 14일, http://time.com/3858309/attention-spans-goldfish/.
3. Jim Norman, "Americans' Confidence in Institutions Stays Low," *Gallup*, 2016년 6월 13일, http://www.gallup.com/poll/192581/americansconfidence-institutions-stays-low.aspx.

04

1. James Ball, "How Safe Is Air Travel Really?" *The Guardian*, 2014년 7월 24일, https://www.theguardian.com/commentisfree/2014/jul/24/avoid-air-travel-mh17-math-risk-guide.
2. Nassim Nicholas Taleb, *Antifragile: Things That Gain from Disorder* (New York: Random House, 2014). 나심 니콜라스 탈레브,《안티프래질》(와이즈베리 역간).
3. "Next & Level," *Leadership Journal*, 2008년 봄, http://www.christianity-today.com/pastors/2008/spring/3.24.html.

06

1. Silvia Donati, "Mosaic Wonder: The Mausoleum of Galla Placidia in Ravenna," *Italy Magazine*, 2016년 5월 19일, http://www.italymagazine.com/news/mosaic-wonder-mausoleum-galla-placidia-ravenna.
2. Tatyana Tolstaya, "See the Other Side," *The New Yorker*, 2007년 3월 12일, http://www.newyorker.com/magazine/2007/03/12/see-the-other-side.
3. Ibid.
4. Doug Pagitt, *Preaching Re-Imagined: The Role of the Sermon in Communities of Faith* (Grand Rapids: Zondervan, 2005).
5. Dallas Willard, "Rethinking Evangelism," dwillard.org, http://www.dwillard.org/articles/artview.asp?artID=53.

07

1. Kells Hetherington, "Automation in the air dulls pilot skill," *Daily Caller*, 2011년 8월 30일, http://dailycaller.com/2011/08/30/automation-in-theair-dulls-pilot-skill/.
2. Jag Bhalla, "Kahneman's Mind-Clarifying Strangers: System 1 & System 2," *Big Think*, http://bigthink.com/errors-we-live-by/kahnemans-mindclarifying-biases.

09

1. Jeanne Willette, "Jean Baudrillard and the System of Objects," *Art History Unstuffed*, 2014년 9월 5일, http://arthistoryunstuffed.com/jean-baudrillard-system-of-objects/
2. Po Bronson, "How We Spend Our Leisure Time," *Time*, 2006년 10월 23일, http://content.time.com/time/nation/article/0,8599,1549394,00.html.
3. Pete Ward, *Liquid Church* (Grand Rapids: Baker Publishing Group, 2001), 60.

4. Mark Riddle, "Rant #2—he Christian Bookstore," *TheOoze.com*, 2002년 4월 11일, https://web.archive.org/web/20020808062134/http://www.theooze.com:80/articles/read.cfm?ID=407&CATID=4.

5. Harper's Weekly 1897년 기사, Kathleen Franz and Susan Smulyan 편집의 *Major Problems in American Popular Culture*에 인용 (Boston: Wadsworth, Cengage Learning, 2012), 183.

6. Rodney Clapp, "Why the Devil Takes VISA," Christianity Today, 1996년 10월 7일, http://www.christianitytoday.com/ct/1996/october7/6tb018.html.

7. Victor Lebow, Alan Thein Durning의 *How Much Is Enough?*에 인용 (New York: W. W. Norton & Co., 1992), 21.

8. Roger Finke and Rodney Stark, *The Churching of America, 1776–2005* (New Brunswick, NJ: Rutgers University Press, 2006), 9. 로저 핑크와 로드니 스타크, 《미국 종교 시장에서의 승자와 패자》(서로사랑 역간).

9. Rebecca Barnes, "Changing up church: Multi-venue churches, Part 1," *Church Central*, 2004년 6월 3일, https://www.churchcentral.com/news/changing-up-church-multi-venue-churches-part-1/

10. George Barna, *Revolution* (Carol Stream, IL: Tyndale House Publishing, 2005), 66. 조지 바나, 《레볼루션 교회 혁명》(베이스캠프 역간).

11. Tony Jones, "Youth and Religion: An Interview with Christian Smith," *Youth Specialties*, 2009년 10월 2일, http://youthspecialties.com/blog/youth-and-religion-an-interview-with-christian-smith/.

Part 3

01

1. John Stott, *Christian Mission in the Modern World* (Downers Grove, IL: InterVarsity Press, 1975), 41.

2. Ibid. 47–8.

02

1. Gordon MacDonald, "Dangers of Missionalism," *Leadership Journal*, 2007년 겨울, http://www.christianitytoday.com/pastors/2007/winter/16.38.html.
2. Phil Vischer, *Me, Myself, and Bob* (Nashville: Thomas Nelson, 2007), 238.

03

1. *Birdman of Alcatraz*, John Frankenheimer 감독(1962).
2. Sally Morgenthaler, "Does Ministry Fuel Addictive Behavior?" *Leadership Journal*, 2006년 겨울, http://www.christianitytoday.com/pastors/2006/winter/24.58.html.

"여호와의 위대함을 측정할 수 있는 도구는 없다.
그분의 측정 불가함에 놀랄 것이다."

C. H. 스펄전